ESSAIS HISTORIQUES SUR PARIS.

ESSAIS HISTORIQUES SUR PARIS

NOUVELLE ÉDITION,
Revue, corrigée, & augmentée.

TOME TROISIÉME.

A LONDRES;

Et se trouvent à Paris,

Chez N. B. DUCHESNE, Libraire, rue S. Jacques,
au-dessous de la Fontaine S. Benoît,
au Temple du Goût

M. DCC. LIX.

ESSAIS

HISTORIQUES

SUR

PARIS.

E fond du caractere d'une nation ne change point : tous les Historiens qui ont parlé des commencemens de notre Monarchie, peignent le François vif, fier, colere, fondant avec impétuosité sur tout ce qui lui ré-

fiste : généreux, confiant, magnanime dès qu'il a vaincu , il fait affeoir , difent-ils, fon prifonnier à fa table ; il lui donne place dans fa tente ; fouvent il lui rend fes armés , & dort à côté de lui d'un fommeil tranquille ; il a défarmé le bras , il croit avoir dompté le cœur & la haine. Nous avions rendu la Guyenne & le Ponthieu aux Anglois ; nous les laiffions parmi nous ; nous dormions fur la foi des Alliances & des Traités : le reveil fut terrible ; nos Rois avoient toujours fermé les yeux fur la néceffité d'affurer le repos de leur peuple ; ils avoient épargné trop de fois un ennemi arrogant & inquiet ; le ciel permit enfin qu'il ébranlât leur trône.

Avant que de rapporter les événemens de la guerre qu'Edouard III déclara à Philippe de Valois , il faut examiner si ses prétentions à la couronne de France étoient bien fondées.

Les femmes, chez les anciens peuples de la Germanie, n'aportoient point de dot à leurs maris ; elles n'héritoient point de leurs peres, & la succession de leurs freres, s'ils mouroient sans enfans mâles, passoit à l'oncle paternel ou à ses fils. Il n'est pas douteux que les Loix Saliques furent rédigées (sous le regne de Pharamond ou de Clovis) sur les usages & coutumes des Germains. L'article 62 de ces Loix, rapellées dans les capitulaires de Charlemagne, porte *qu'a l'égard de la Terre Salique, il n'en peut venir aucune portion aux filles, mais que toute l'hérédité doit aller au sexe viril.* Marculphe qui écrivoit vers l'an 660, fait parler un pere qui dit à sa fille, *nous observons une loi barbare qui ne souffre pas que les*

Lex Salica
Caroli Mag.
Tit. 62.
par. 6.

A iij

*Marculp.
l. 2. fol. 11.* *sœurs partagent avec leurs freres.*
L'objet de cette loi étoit d'empê-
cher que le bien ne sortit des familles
Françoises , c'est-à-dire , des familles nobles, des familles des conquerans , & ne passât à des étrangers. On
voit au même article 62 que les filles
étoient admises à partager dans les
terres (1) que les vainqueurs n'a-

---

(1) Il y avoit deux sortes d'*aleuds* , ou
terres héréditaires ; les *aleuds* saliques & les
aleuds non saliques ; les premiers ne pouvoient être possedés que par les conquerans
& même par les mâles ; les *aleuds* non saliques étoient les terres qu'on avoit laissées
aux naturels du pays en toute propriété &
indépendantes de toute mouvance particu-
liere : les filles y partageoient avec leurs
freres. La succession d'un Gaulois ou d'un
Romain pouvoit passer à un François qui
épousoit sa fille , au lieu qu'un Gaulois ou
un Romain qui épousoit une Françoise n'a-
Voyez la
page 116
T. . de ces
Essais. voit rien à espérer dans la succession du
pere , des freres & des parens François de
sa femme , dumoins à l'égard des terres saliques. L'Abbé du Bos pour soutenir son

voient point retenues pour eux, & qu'ils avoient laiſſées aux Gaulois.

Childebert, fils de Clovis, n'eut que des filles : ſon frere Clotaire I lui ſucceda. Après la mort de Charibert qui ne laiſſa point d'enfans mâles, Berthe * ſa fille aînée ne prétendit point au trône. Gontran en déſignant Childebert II ſon neveu pour ſon ſucceſſeur, ſe contenta de lui recommander ſa fille Clotilde, & de lui faire promettre qu'elle ne ſeroit point troublée dans la jouiſ-ſance des biens qu'il lui laiſſeroit par ſon teſtament. Tous nos Hiſtoriens ont oublié de citer deux autres exemples ; le premier eſt de Rigonte que Chilperic I Roi de Soiſſons,

* Mariée à Ethelbert Roi de Kent.

Gregor. Tu-ren. l. 9. *c.* 20.

abominable ſyſtême, tâche toujours de confondre les terres ſaliques avec les béné-fices militaires.

fon pere, dont tous les enfans mâles venoient de mourir, alloit marier à Recarede Roi des Vifigots en Efpagne: Childebert II, Roi d'Auftrafie, envoya des Ambaffadeurs à Chilperic fon oncle, pour le fommer de ne rien démembrer de la Monarchie, en faveur de ce mariage; Chilperiç le promit, & Fredegonde fa femme, dit (1) Gregoire de Tours, en montrant aux Seigneurs François ce qu'elle donnoit à Rigonte fa fille, les affura que toutes ces richeffes ne venoient que de fes épargnes & qu'elle n'avoit rien pris fur le Tréfor Royal. L'autre exemple eft celui de Judith fille de Charles le chauve: ni elle ni fon fils

Gregor. Turon. l. 6. s. 45.

______

(1) Il faut lire ce paffage en entier; il eft pofitif en faveur de la Loi Salique; il eft bien fingulier qu'aucun de nos hiftoriens ne l'ait cité.

Baudouin Comte de Flandres, ne
reclamerent point la couronne lorfque les grands du Royaume y appel-
lerent Charles le gros fon coufin.
Enfin dans toute notre hiftoire, fous
la premiere, la feconde, & la troifiéme race, pendant près de neuf
cents ans jufqu'en 1316, on ne voit
aucune Princeffe qui ait prétendu
fuccéder à fon pere.

Louis Hutin mourut le 3 de Juin
1316, & ne laiffa qu'une fille ; mais
la Reine fa veuve étoit enceinte ; le
Prince dont elle acoucha le 14 de
Novembre, n'ayant vécu que huit
jours, Philippe le long qui avoit été
déclaré Régent à la mort de fon frere
Louis Hutin & pendant la groffeffe
de la Reine, paffa de la Régence à *Nangii*
la Royauté, & fut facré à Rheims le *cont.*
9 de Janvier 1317. Le Duc de Bourgogne & le Comte de la Marche

A v

protesterent contre son sacre, disant qu'il falloit auparavant examiner si la fille de Louis Hutin n'avoit pas de justes prétentions à la couronne : *on* T.3.p.269. *peut inférer*, dit Rapin de Toiras, *de la résistance de ces Princes du Sang (& contre leurs propres intérêts) que la Loi Salique ne passoit pas alors pour incontestable.* Un historien impartial & de bonne foi auroit dit qu'on pouvoit inférer de la conduite singuliere de ces Princes que de petits intérêts Nangis particuliers & des inimitiés personcont. nelles les animoient contre Philippe le long ; il auroit ajouté que ce n'étoit pas certainement l'esprit de justice qui guidoit leurs démarches, puisque cinq mois auparavant (le 17 de Juillet 1316) de leur consentement, de l'avis de tout le Conseil, de celui des autres Princes du Sang & des Barons, il avoit été arrêté &

signé que si la Reine n'accouchoit que (1) d'une fille, la couronne de France iroit de droit à Philippe le long ; mais que celle de Navarre apartiendroit à la fille de Louis Hutin, parce que les filles ne sont point excluses de cette couronne.

Philippe le long, pour ôter tous prétextes aux mécontens, convoqua une assemblée des Grands de l'Etat ; elle se tint le 2 de Février 1317 ; *Papire* *Masson.* presque tous les Evêques du Royaume s'y trouverent ; l'Université y fut appellée : on décida unanimement *que les loix & la coutume invio-* *Mezeray.* *lablement observée parmi les François,* *excluoient les filles de la couronne.* Le Comte de la Marche & le Duc de Bourgogne souscrivirent à cette décision.

____

(1) *Si autem fœmina ortretur, Comes ex* *Vita Joann.* *tunc pro rege ab omnibus haberetur.* XXII. *vita* *Pap. aveni-* *onens. T. 1.*

A vj

Philippe le long n'ayant point laissé d'enfans mâles, Charles le Bel son frere lui succéda sans nulle opposition, & ce fut une nouvelle confirmation de la Loi salique. Charles le Bel ne laissa aussi qu'une fille, & la Reine sa veuve enceinte ; il fut donc question, comme à la mort de Louis Hutin, de nommer un Regent, & de choisir, selon l'usage, celui des Princes du Sang que la loi appelloit à la couronne, si la Reine n'accouchoit pas d'un garçon ; Edouard III prétendit qu'il étoit ce Prince, & qu'on devoit par conséquent lui déférer la Régence. Il envoya des Ambassadeurs à Paris, qui plaiderent sa cause *à la Cour des Pairs & devant tout le Baronnage de France assemblé* : ils n'avoient pas négligé, disent les chroniques, de tâcher d'appuyer leurs raisons par de

magnifiques préfens & de belles promeffes , faifant d'ailleurs entendre
aux Seigneurs que plus le Souverain eft éloigné, moins le vaffal eft
dans la dépendance. Malgré leur éloquence & leurs intrigues , malgré
tout l'or qu'ils répandirent , la Regence fut adjugée à Philippe de Valois comme préfomptif héritier du
trône. Edouard fe plaignit amere-
ment de cet arrêt dans une affemblée
du Parlement d'Angleterre ; il y ex-
pofa fort au long fon prétendu droit
à la couronne de France : il paroît à
la façon dont s'expliquent les Hi-
ftoriens Anglois , que fon Parle- *Rapin de Toiras, T. 3. p. 158.*
ment même n'eut pas la complaifan-
ce de trouver fes raifons valables. Je
vais les rapporter & les réponfes de
Philippe de Valois, en expofant l'état
de la queftion.

Philippe le Bel & Charles Comte

PHILIPPE le hardi, Roi de France.

PHILIPPE le Bel, Roi de France.

CHARLES, Comte de Valois, *son frere.*

LOUIS HU-TIN, Roi de France, mourut en 1316.

JEANNE, *qui épousa Phi-lippe*, Comte d'Evreux.

CHARLES *le mauvais*, Roi de Navarre, *né en* 1332.

PHILIPPE le long, Roi de France, mourut en 1321.

JEANNE, *qui épousa Eudes IV, Duc de Bourgogne.*

PHILIPPE, *Comte d'Ar-tois, né en* 1323.

MARGUE-RITTE, *qui épousa Louis, Comte de Flandres.*

LOUIS *le mâle.*

CHARLES le Bel, Roi de France, mou-rut en 1328, & ne laiſſa que des filles qui n'eurent point de po-ſterités.

ISABELLE, mere d'E-douard III.

PHILIPPE de Valois, Roi de France.

de Valois étoient fils de Philippe le hardi. Philippe le Bel eut trois fils & une fille (Louis Hutin , Philippe le long , Charles le Bel & Isabelle mariée à Edouard II & mere d'Edouard III.) Louis Hutin , Philippe le long & Charles le Bel ne laisserent que des filles ; ainsi Philippe de Valois leur cousin germain (fils de Charles de Valois) étoit l'héritier le plus proche en ligne masculine. *Il ne s'agissoit pas*, dit Rapin de Toiras, *entre Edouard III & Philippe de Valois ; de sçavoir s'il y avoit une loi qu'on appelloit salique qui excluoit les femmes de la succession à la couronne : soit que cette loi fut réelle ou que ce ne fût qu'une chimere , Edouard & Philippe avoient egalement intérêt à la faire valoir , puisqu'elle étoit l'unique fondement des prétentions de l'un & de l'autre : sans cette loi , la couronne auroit incont-*

teſtablement appartenu à Jeanne fille de Louis Hutin.... Philippe le long & Charles le Bel n'y auroient pas eu de droit, & par conféquent Iſabelle leur ſœur n'auroit pas pû y prétendre ; d'ailleurs ſi la loi ſalique n'avoit pas eu lieu, Edouard n'auroit eu lui-même aucun droit à la couronne, puiſqu'il auroit été précédé par les filles de Philippe le long & de Charles le Bel ; il n'avoit donc garde de conteſter l'autorité de cette loi.

Leibnitz. cod. diplo. T. 2. p. 66.

Elle porte, diſoit Edouard, que le plus prochain hoir mâle doit fuccéder ; elle exclut les femmes *à cauſe de la foibleſſe de leur ſexe ;* mais ſon intention n'a pas été d'exclure les mâles iſſus des femmes ; je conviens, ajoutoit-il, que ma mere n'a aucun

Rob. de Auesbury.

droit à la couronne en qualité de femme, mais je ſoutiens qu'elle me donne le droit de proximité qui me rend habile à ſuccéder en qualité de mâle ; je suis plus proche des derniers Rois morts, étant leur neveu, que Philippe de Valois qui n'est que leur cousin germain : c'est donc à moi que la couronne appartient.

La réponse de Philippe consistoit à faire voir que depuis le commencement de la monarchie, il y avoit plusieurs exemples de Reines à qui l'on avoit déferé la Regence ; que ce n'étoit donc pas *à cause de la prétendue foiblesse de leur sexe*, que les filles n'étoient point admises à succéder ; que l'intention de la loi avoit été d'empêcher que le sceptre ne passât à un Prince d'une autre * nation, ou même d'une autre maison que celle à laquelle on s'étoit soumis, la noblesse Françoise n'ayant point entendu se dépouiller de son droit originaire à la couronne,

* Voyez p. 65. T. 2. de ces Essais.

à l'élection d'un Roi , en cas d'extinction de la famille regnante ; que les fils des Monarques étrangers & des filles de nos Rois , n'avoient jamais été qualifiés Prince du Sang de France , & qu'enfin une mere ne pouvoit tranſmettre à ſon fils un *Baldus.* droit qu'elle n'avoit pas & qu'elle ne pouvoit jamais avoir.

Je ne ſuis pas étonné que Rapin de Toiras n'ait point cité une raiſon que l'on ne manqua pas ſans doute d'oppoſer encore aux chimériques prétentions d'Edouard ; mais il eſt bien ſingulier que Mezeray , le Gendre , Daniel , Choiſi & autres de nos Hiſtoriens , ne l'ayent pas rap-*Acta pu-* portée ; elle acheve de mettre dans *blica* T. 2. *pars* 4. *p.* tout ſon jour l'extravagante injuſtice *70.* du Monarque Anglois. Lorſque Charles le Bel mourut en 1328 , les filles de Philippe le long avoient des enfans * mâles : les petits fils de ce Roi n'excluoient-ils pas son neveu Edouard, en supposant qu'on eut admis l'interprêtation que ce neveu vouloit donner à la loi salique ?

* Philippe né en 1323, fils de Jeanne fille de Philippe le long & d'Eudes IV Duc de Bourgogne.

Philippe de Valois six mois après son sacre, envoya sommer Edouard de venir lui rendre hommage pour le Duché de Guyenne & le Comté de Ponthieu ; Edouard lui écrivit (le 14 d'Avril 1329) qu'il avoit dessein depuis longtemps de s'acquiter de ce devoir, mais que diverses affaires qui lui étoient survenues l'en avoient empêché. Il rendit solemnellement cet hommage dans la ville d'Amiens le 6 Juin ; il le ratifia *hommage - lige* par ses Lettres Patentes du 30 Mars 1331. La même année il revint en France, fit un nouveau traité au sujet des

Rymer. acta publica. T. 2. pars 3. p. 23.

Ibid. p. 27.

Ibid p. 61.

affaires de Guyenne , & parut très-
fenfible au procédé de Philippe qui
voulut bien lui accorder une diminu-
tion de trente mille livres Tournois
fur la fomme dont on étoit convenu
dans le traité précédent. Au com-
Ibid. part 4. p. 63. mencement de l'année 1332 , il fit
propofer le mariage de fon fils avec
la fille , & celui de fa fœur avec le
fils de Philippe : cette propofition
prouve qu'il avoit renoncé à fes vaines idées fur le Royaume de France ;
ou qu'il étoit le plus perfide & le plus
Rapin de Toiras. T. 3. p. 166. méchant de tous les hommes. Il em-
ploya les années 1333, 34, 35 & 36,
à dépouiller du Royaume d'Ecoffe ,
par les manœuvres les plus fourbes &
les plus noires , David Brus , un enfant & qui étoit fon beau - frere. En
1337 , excité par Robert d'Artois
qui s'étoit réfugié en Angleterre , il

feignit de nouveau d'être perfuadé (1) qu'il avoit eu raifon de reclamer la couronne de France. Il fit des alliances avec l'Empereur & plufieurs Princes d'Allemagne ; il foudoya des troupes de tous les pays, & lorfqu'il fe crut en état de commencer la guerre, il écrivit au Pape *qu'après la mort de Charles le Bel fon oncle, la couronne de France lui étoit dévolue comme au plus proche héritier ; qu'il en avoit été privé par un jugement injufte & précipité ; que les Ambaffadeurs qu'il avoit envoyés à Paris, n'avoient pas été écoutés ;*

---

(1) Il en étoit fi peu perfuadé que dans fa lettre au Pape, en date du .o de Janvier 1340, il dit, *que fi Philippe de Valois lui avoit fait les moindres offres, il s'en feroit contenté :* & revera, fi nobis oblationem etiam mediocrem, tunc feciffet, ad vitandum guerrarum difcrimina & expenfarum profluvia, fuper ea refponfionem rationabilem feciffemus. *Rymer. aeta publica. T. 2. pars 4. p. 64.*

qu'en ôtant à un mineur une couronne qui lui appartenoit légitimement, les Grands du Royaume avoient agi moins en juges qu'en ſcélérats & en brigands , & qu'il proteſtoit contre tout ce qui s'étoit fait pendant ſa minorité. Qu'auroit dit Guillaume *le bâtard* ſi du fond de ſon tombeau il avoit pû entendre un de ſes deſcendans traiter ainſi la nobleſſe de France !

Il étoit de notoriété publique que les Ambaſſadeurs (1) d'Edouard avoient plaidé ſa cauſe devant la Cour des Pairs , quand il envoya

Aᵈᵃ publica. T. 2. pars 4. p. 70.

(1) Le Pape dans ſa réponſe à Edouard , après lui avoir prouvé dans tous les points que ſes raiſons ſont fauſſes & que ſes prétentions ne ſont pas ſoutenables , finit par lui conſeiller *de quiter au plutôt le titre de Roi de France , titre qui ne pourroit que le faire paſſer pour un Prince très-injuſte , & lui attirer à jamais, & à ſa poſterité, la haine implacable de tous les François.*

demander la Régence après la mort de Charles le Bel ; il le dit lui-même dans l'assemblée de son Parlement à Northampton, à la fin de Février 1328. Les Historiens Anglois ajoutent que la veuve de Charles le Bel n'ayant accouchée que d'une fille, il donna à d'autres Ambassadeurs un plein pouvoir (en datte du 16 Mai 1328) pour demander la couronne en son nom ; il ne s'étoit pas pressé, puisqu'il y avoit un mois & demi que la Reine * étoit accouchée ; ces Ambassadeurs, s'ils passèrent en France, n'arriverent vraisemblablement qu'après le sacre ** de Philippe de Valois ; d'ailleurs s'ils demanderent à être écoutés, ils ne dûrent pas l'être, puisque le jugement de la Cour des Pairs portoit, (comme celui qui avoit été rendu à l'égard de Philippe le long) *si la Reine n'ac-*

Rapin de Toiras, T. 3. p. 158.

Acta publica. T. 2. pars 3. p. 13.

Elle accoucha le premier d'Avril.

** Il fut sacré à Rheims le 28 de Mai.

couche que d'une fille, dès l'inftant Phi-
lippe fera reconnu Roi.

Philippe ayant eu communication
de la Lettre d'Edouard au Pape, répondit , ni moi , ni le Roi d'Angleterre ne pouvions être juges dans notre propre caufe ; elle fut plaidée à
la Cour des Pairs & devant tous les
Hauts Barons affemblés ; ils décide-
rent unanimement que mon droit étoit
inconteftable ; jamais Edouard , même dans fon Parlement , n'a fait de
proteftations contre cette décifion ;
il y a acquiefcé pendant plus de neuf
ans , comme tous les autres Poten-
tats de l'Europe ; l'allégation de fa
minorité eft ridicule & frivole ; mais
en fuppofant qu'elle fut admiffible ,
Rapin de fon Parlement l'avoit déclaré majeur ,
Toiras , T. & il gouvernoit par lui-même en
3. p. 163. 1331 , lorfqu'il m'envoya fes lettres
patentes par lefquelles il déclaroit &

faifoit

faisoit serment qu'il étoit mon homme-lige & qu'il me serviroit envers & contre tous ; cet acte a été suivi de plusieurs autres, & nommément d'un plein pouvoir que ses Ambassadeurs m'ont présenté cette année 1337, par lequel il les autorise à *transiger sur toutes sortes de demandes, procès, débats, questions & contestations, entre nos Sujets & les siens, & entre lui & nous Roi de France & son Seigneur, par rapport à ses Terres dans le Duché d'Aquitaine & autres dans notre Royaume, & sur tous ajournemens pendans en notre Cour.* ^{Acta publica. T. 2. part. 3. p. 190.}

Croiroit-on qu'Edouard n'eut pas honte de répliquer que s'il n'avoit point fait de protestations publiques, il en avoit fait de secretes dans son conseil privé, par lesquelles il avoit déclaré que par l'hommage qu'il alloit rendre, il ne prétendoit pas porter préju- ^{Rapin de Toiras, T. 3. p. 159.}

Tome III. B

*diced ses droits sur la couronne de France , quand même il viendroit à le ratifier par ses lettres patentes , & que ce n'étoit que la crainte de perdre ses terres en France qui l'obligeoit à faire cette démar-*che. Ainsi aucune Puissance ne peut compter sur les sermens d'un Roi d'Angleterre & sur les traités qu'elle fait avec lui ; il aura toujours pro-testé secretement , dans son conseil privé , contre la paix qu'il signoit, dès qu'il croira voir quelque avanta-ge à recommencer la guerre,

Il seroit naturel de croire qu'E-douard ayant pris la qualité de *Roi de France* , quelqu'un de nos Rois a exigé par un traité que les succes-seurs de cet homme inique continue-roient de la prendre , comme une note perpétuelle de sa mauvaise foi , & de la honte des Anglois chassés du Royaume , quoique secondés par

tant de Villes & de Provinces mé-
contentes & rebelles : voici à quelle
occafion il prit ce titre dont fes fuc-
cefleurs ont continué de fe décorer,
uniquement, difoit le fameux Comte
de Rocheſter, *pour fe conferver le privilége* (1) *de guerir des écrouelles.* Les
Flamans s'étoient de nouveau révoltés ; leur Comte s'étoit réfugié en
France ; ils avoient pour chef Jacques Arteuelle Brafſeur de biere ;
Edouard & ce Brafſeur avoient befoin l'un de l'autre ; ils furent bientôt amis , mais les Flamans refu-
foient de fe déclarer contre Philippe , parce qu'ils avoient promis
avec ferment , par le dernier Traité ,
de ne point porter les armes contre
le Roi de France leur Seigneur fuze-
rain , & qu'ils s'étoient même foumis

---

(1) Collier, écrivain Anglois, dit que ce
don vient de S. Edouard *le Confeffeur.*

à remettre deux millions de florins à la Chambre Apostolique, s'ils contrevenoient à leur promesse.

Arteuelle leur persuada qu'il étoit aisé de lever le scrupule qui les retenoit, en engageant Edouard à prendre le titre (1) de Roi de France ;

Rymer acta publica. T : pars 3. p. 192.

(1) Il avoit pris ce titre dans une commission adressée au Duc de Brabant en date du 7 d'Octobre 1337, mais il l'avoit aussitôt quitté, voyant qu'aucun Prince de l'Europe, même de ses alliés, ne vouloit le lui donner. Il paroît par une Lettre qu'il écrivit à l'Archevêque de Cantorberi, le 21 Février 1340, qu'il sentoit le ridicule d'avoir pris cette qualité, & qu'il craignoit que son Parlement n'aprouvât pas cette usurpation : *qu'on ne soit point surpris, dit-il, que nous ayons changé notre stile ordinaire & que nous nous fassions nommer Roi de France ; des raisons essentielles nous ont nécessairement obligé à cette démarche ; nous vous les exposerons, aux autres Prélats, aux Seigneurs & aux Communes dans le prochain Parlement.* Non mirantes ex hoc quod stilum *Ibid. pars 4. p. 69.* nostrum consuetum mutavimus, & Regem Franciæ nos facimus nominari ; nam diversæ

ils s’applaudirent d’avoir choisi un chef qui avoit tant d’efprit & propoferent cet expédient au Roi d’Angleterre qui le trouva d’abord ridicule , *mais fon confeil , dit Rapin de Toiras , après y avoir bien refléchi, approuva ce moyen de faire entrer les Flamans dans la ligue.* On voit qu’Edouard , s’il avoit eu befoin des Juifs , auroit pris de même le titre de Meffie. Il fit publier un Manifefte par lequel il déclaroit à tous bons François, *que pour ne pas fembler négliger les faveurs du ciel & s’opofer à la volonté de Dieu , il s’étoit déterminé à prendre le gouvernement du Royaume de France qui lui étoit dévolu par la*

Pag. 180. & 495.

subfunt caufæ per quas hoc facere neceffario nos oportet , & quas vobis & aliis prælatis & Magnatibus , necnon communitatibus ejufdem regni Angliæ ad dictum Parlamentum plenius exponemus &c.

B iij

mort de Charles le Bel son oncle, promettant sa protection à tous ceux qui, à l'exemple des Flamans, le reconnoîtroient pour leur Souverain.

Voilà l'époque de la jonction des fleurs de lys & des leopards ; il faut remarquer qu'Edouard se qualifioit *Roi de France, d'Angleterre & d'Irlande* ; qu'il mettoit les fleurs de lys au 1 & 4 quartiers qui sont les plus honorables, & que tous (1) ses successeurs ont continué d'écarteler de même jusqu'à Georges I Electeur d'Hanovre : je ne sçais pas si ce Prince à son avénement au trône d'Angleterre, déclara qu'il ne demeureroit point à Paris ; ce qu'il y

(1) La Reine Anne continua toujours de porter les mêmes armes jusqu'à sa mort, quoiqu'on eut résolu, dit-on, de changer le grand sceau d'Angleterre, en 1706, lors de l'union de ce Royaume & de celui d'Ecosse.

a de certain c'eſt qu'il eſt le premier qui a commencé à écarteler au I & IV parti, au 1 d'Angleterre ; au 2 d'Ecoſſe ; au II de France ; au III d'Irlande.

Pluſieurs Princes d'Allemagne, le Duc de Brabant, les Comtes de Hollande, de Zelande, de Gueldre, de Hainaut, de Juliers, de Limbourg, & généralement tous les Seigneurs des Pays-Bas, amenerent des troupes à Edouard : ſon argent & la qualité de Vicaire de l'Empire qu'il avoit obtenue de l'Empereur Louïs de Baviere, les avoient mis dans ſon parti. Il commença la guerre par le ſiege de Cambray qu'il fut obligé de lever. Il s'avança vers S. Quentin : le continuateur de Nangis dit que les deux armées ſe trouverent vis-à-vis l'une de l'autre le Vendredi 22 Octobre ; que la notre 1339.

ayant fait une marche de cinq lieues, on jugea à propos de la laisser reposer ; qu'Edouard profita de la nuit pour décamper, & se retira dans le Hainaut. Froiffart (1) prétend qu'on se défia réciproquement & que l'on convint d'un jour pour se livrer bataille ; que ce jour venu, Philippe ne voulut point sortir de son camp, parce que son confeil lui repréfenta que le Roi d'Angleterre en perdant une bataille en Picardie, ne rifquoit que des hommes & que d'être obligé de fe retirer fous les places de Flandres ; au lieu que s'il la gagnoit, il pourroit porter le fer & le feu

(1) Il étoit de Valenciennes ; la Reine d'Angleterre fille du Comte de Hainaut & Edouard fon mari, l'honoroient de leur bienveillance ; il n'en étoit pas ingrat ; fon inclination pour les Anglois fe manifefte en toute occafion.

dans le sein du Royaume. De quelque façon que la chose se soit passée, il est certain qu'Edouard rentra dans le pays de ses alliés ; que la campagne fut finie en Flandres ; qu'en Gascogne, on lui avoit enlevé Bourg, Blaye & quelqu'autres places ; que notre flote battit la sienne, prit deux de ses plus gros vaisseaux & plusieurs autres moins considérables ; que l'on fit des descentes sur les côtes d'Angleterre, & qu'on pilla Hamptoncourt, Portsmouth & l'Isle de Grenezay.

La fortune lui fut plus favorable au commencement de la campagne suivante. Notre flote l'attendoit vis-à-vis de l'Ecluse pour l'empêcher de repasser en Flandres ; nous avions plus de vaisseaux , mais les siens étoient chargés de ses meilleures troupes ; d'ailleurs la jalousie qui

1340.

regnoit entre Quieret & Bahuchet,
nos deux Amiraux, les portoit à se
contrarier sans cesse sur toutes les
manœuvres. Edouard gagna l'avantage du vent, & leur mit le soleil
dans les yeux; on jetta les grapins,
on s'acrocha; on se battoit comme
si l'on eut été sur terre; le carnage
étoit affreux; Quieret fut tué;
Edouard eut la cuisse percée d'une
fléche; il étoit cinq heures du soir;
l'action duroit depuis huit heures
du matin; la victoire commençoit à
se déclarer pour nous, lorsqu'une
escadre Flamande parut, se rangea
du côté d'Edouard & lui fit gagner
la bataille. Il ordonna pour insulter
à Philippe, dit le continuateur de
Nangii   Nangis, que l'on pendit l'Amiral
continuat.   Bahuchet au grand mât de son vaisseau. Faut-il donc que les Fastes
d'Angleterre ne puissent étaler un

triomphe qu'il ne foit en même temps fouillé par quelque action féroce !

Vainqueur fur la Mer & à la tête de cent cinquante mille hommes en Flandres, Edouard fe livroit à l'efpoir de la plus glorieufe campagne. Il détacha un tiers de fon armée fous les ordres de Robert d'Artois qui pénétra jufqu'à S. Omer, & ravagea la frontiere pendant près d'un mois. Eudes IV Duc de Bourgogne ayant enfin raffemblé des troupes, quoiqu'elles fuffent bien inférieures en nombre, attaqua Robert d'Artois, le battit, lui tua neuf ou dix mille hommes, & le pourfuivit jufqu'à Montcaffel. Cet échec augmenta l'embarras du Monarque Anglois ; il avoit entrepris le fiége de Tournay ; aucune de fes attaques n'avoit réuffi ; les affiégés faifoient la plus

B vj

vigoureufe réfiftance ; notre armée campée à deux lieues de la fienne, la harceloit fans ceffe, battoit tous fes détachemens & lui coupoit les vivres. Il envoya propofer à Philippe de vuider leur querelle par un combat feul à feul, ou de cent contre cent, ou par une bataille générale : la fufcription de la lettre étoit *à Philippe de Valois*, fans autre titre. Philippe lui récrivit, *on a apporté à notre camp une Lettre adreffée* à Philippe de Valois ; *comme elle n'eft pas pour nous , nous n'y répondons point ; mais nous nous fervons de l'occafion de votre Herault pour vous dire que vous êtes notre homme-lige ; qu'en nous attaquant & en foulevant les villes de Flandres contre leur Comte & contre nous leur Souverain & le votre, vous vous êtes rendu coupable de rebellion , de parjure & de félonie , & qu'avec l'aide de Dieu , nous*

Rymer. acta publica. T. 2. pars 4. p. 80.

espérons de vous soumettre & de vous punir. Quelques Hiſtoriens, entr'autres Daniel & Choiſi, ont voulu ridiculement enjoliver cette réponſe: *Philippe,* diſent-ils, *ajouta que dans le duel propoſé, il falloit que le riſque ût égal de part & d'autre, & qu'il acceptoit le défi, ſi Edouard vouloit mettre au jeu le Royaume d'Angleterre contre le Royaume de France.* Voici mes refléxions ſur ce cartel: Edouard n'avoit pas encore conquis un pouce de terre dans le Royaume; il ſe voyoit dans le cas de lever honteuſement le ſiége de Tournay; les convois n'arriyoient que difficilement à ſon camp; il manquoit d'argent pour payer ſes troupes; elles murmuroient; d'ailleurs il n'ignoroit pas que quelques-uns de ſes alliés commençant à mal augurer de cette guerre, penſoient à ſe détacher de

Rapin de Toiras, T. 3. p. 183.

la Ligue , & traitoient fecretement avec Philippe : c'eft dans ces circonf-tances qu'il envoye le défier ; il fa-voit que ce Prince étoit trop fenfé pour expofer à l'incertitude d'un duel une couronne qu'il poffédoit depuis douze ans : or quel nom donne-t'on à un homme qui envoye un car-tel quand il eft intimement perfuadé que celui à qui il l'adreffe , ne peut pas être affez extravagant pour l'ac-cepter ? Ajoutons que ce défi eft de 1340 ; qu'en 1347 , lorfque la malheureufe bataille de Creci , la prife prefque certaine de Calais & le feu de la révolte dans plufieurs provinces , fembloient promettre à Edouard des conquêtes aifées dans le Royaume, Philippe lui fit propofer de fe battre fix contre fix pour dé-cider à qui le tout appartiendroit ; qu'il refufa : il étoit un fanfaron en 1340 ; qu'étoit-il en 1347 ?

Ibidem.
p. 203.

Recueil des cartels, &c.

Revenons à sa position devant Tournay , & voyons comment il s'en tira. Jeanne de Valois Comtesse douairiere de Hainaut , sa belle-mere & sœur de Philippe , avoit pris le voile , après la mort de son mari , dans l'Abbaye de Fontenelles ; il lui fit insinuer adroitement qu'il n'étoit point éloigné de la paix , & qu'il seroit bien glorieux pour elle de l'avoir procurée entre deux Princes qui devoient lui être si chers : la bonne Princesse sortit de son Couvent , vint d'abord au camp de son frere , passa le lendemain à celui de son gendre , & leur fit à l'un & à l'autre des représentations très-chrétiennes ; Philippe à qui l'occasion d'écraser son ennemi, se présenta toujours & qui ne sçut jamais en profiter , consentit à une trêve de dix mois ; elle fut ensuite prolongée pour deux ans :

l'Anglois ne manqua pas de la rompre dès que les conjonctures lui parurent favorables pour recommencer la guerre.

Jean III Duc de Bretagne mourut sans enfans en 1341 ; le Duché appartenoit à Jeanne de Penthievre femme de Charles de Blois ; Jean Comte de Montfort le lui disputa, & passa secretement à Londres pour s'appuyer d'un protecteur dans son injuste prétention. Robert (1) d'Artois

---

(1) Robert d'Artois étoit Prince du Sang & beau-frere de Philippe de Valois à qui il avoit rendu des services signalés. Ils se brouillerent au sujet du procès pour le Comté d'Artois. Robert se deshonora en faisant fabriquer & en produisant de faux titres ; malgré cela, sa valeur, son esprit, la figure la plus prévenante, ses malheurs intéressoient pour lui, & l'on ne pardonnoit point à Philippe de le poursuivre partout & de ne vouloir pas qu'il eut un asile en aucun pays. Le Comte de Montfort étoit aussi de la Maison de France ; Philippe protégeoit Charles de Blois.

ne refpirant toujours que haine &
que vengeance , après avoir conferé
avec lui , alla trouver Edouard : Enfin , lui dit-il , le moment d'arracher
la couronne à Philippe , eft venu :
le Comte de Montfort eft ici : il peut
vous livrer des ports & des villes
en Bretagne : ces ports & ces villes
vous ferviront de places d'armes &
vous ouvriront l'entrée du Maine &
de l'Anjou : vous poffedez la Guyenne & le Ponthieu qui vous ont toujours fourni de bons foldats : Geoffroy d'Harcourt fi puiffant en Normandie par fes terres , fes parens &
fes amis , vous a promis de faire
foulever prefque toute cette province , dès que vous y paroîtrez : l'efprit de révolte ne tardera pas à fe
communiquer aux autres parties d'un
Royaume où le peuple gémit fous
le poids des impôts : Philippe a

mécontenté fa nobleffe en négligeant fes remontrances fur les ufurpations du Clergé : il a voulu ménager les Evêques , & n'a fait que des orgueilleux & des (1) ingrats : le moindre échec peut ébranler fon Trône. Tout ce que difoit Robert d'Artois n'étoit malheureufement que trop vrai. Edouard promit des fecours au Comte de Montfort qui le reconnut pour Roi de France , & lui rendit hommage.

Les troupes Angloifes qui débarquerent en Bretagne, n'y cueillirent pas de lauriers ; quelques Seigneurs Bretons à la tête de leurs payfans qu'ils armerent , reprirent d'aflaut la ville de Vannes dont Robert

---

Daniel.

Le Gendre.

(1) Robert d'Artois fe trompoit ; il eft vrai qu'ils ne voulurent pas payer de Decimes , mais ils donnerent à Philippe le furnom de *bon Catholique.*

d'Artois s'étoit emparé ; la garnifon Angloife fut taillée en piéces ;
Robert d'Artois dangereufement
bleffé s'enfuit à Hennebond où il
s'embarqua pour repaffer en Angleterre : il mourut fur Mer de fes bleffures.

Edouard jura de venger fa mort
d'une façon terrible & dont les Bretons fe fouviendroient à jamais. Il
defcendit lui-même au Morbian *, & * Proche de
crut jetter l'épouvante dans le pays Vannes.
en s'annonçant en conquerant dont
les troupes étoient affez nombreufes
pour attaquer trois villes à la fois ; il
affiégea Vannes, Nantes & Rennes.
Le pays ne s'épouvanta point : on n'y
avoit de temps immémorial qu'une
eftime affez légere pour la valeur
Angloife ; Edouard fut obligé de
lever le fiege de Rennes & de Nan- *Larrey.*
tes ; il efpera que dumoins il réuffi-

roit à celui de Vannes , en y raffem-
blant toutes ſes forces ; il ſe trompa ;
le Duc de Normandie * arriva avec
cinquante mille hommes , & ſe campa
vis-à-vis de lui : *les deux armées* , dit
Rapin de Toiras , *demeurerent pendant
une grande partie de l'hiver à une petite
diſtance l'une de l'autre , mais bien re-
tranchées , ſans qu'il parut qu'aucun des
deux chefs eut envie de combattre ;
Edouard n'étoit pas diſpoſé à riſquer
une bataille contre une armée bien plus
forte que la ſienne , & le Duc de Normandie ne vouloit rien hazarder , eſpe-
rant d'affamer ſon ennemi.* Il l'auroit
en effet affamé ; il l'auroit obligé de
ſe rendre à diſcretion ; notre flote
après avoir chaſſé la flote Angloiſe
du Morbian , tenoit la Mer & prenoit ou couloit à fond tous les convois qui venoient d'Angleterre ;
Edouard étoit encore plus emba-

* Depuis le Roi Jean.

Pag. 188.

raffé qu'il ne l'avoit été devant Tournay. Au commencement de Janvier, deux Légats du S. Siége arriverent au camp du Duc de Normandie, & négocierent une trêve de trois ans. Toute la Nation murmura contre le Gouvernement, & le dépit & le mépris commencerent à fucceder dans le cœur de la Noblesse à cette ardeur avec laquelle elle avoit jufqu'alors prodigué fon fang & fes biens pour terminer cette guerre.

1343.

Philippe fit publier un Tournoy à l'occafion du mariage de fon fecond fils ; toute la noblesse de France & des Royaumes voifins y fut invitée felon l'ufage & avec les cérémonies ordinaires : cette invitation étoit un fauf-conduit général. Au milieu de la fête, il ordonna qu'on arrêtat Olivier * de Cliffon & treize autres Seigneurs Bretons ; ils furent décapités

1344.

* Pere du Connetable.

quelques jours après aux Halles à
Paris. Il eſt certain qu'ils avoient toujours tenus & qu'ils paroiſſoient tenir
encore le parti de Charles de Blois ;
on prétend qu'ils avoient traité ſecre-
tement depuis quelques mois avec
Edouard & le Comte de Montfort,
& que le mari de la belle Comteſſe
de Saliſburi, cherchant à ſe venger
du Roi d'Angleterre, & ſçachant les
meſures qu'il prenoit avec ces Gentilshommes & pluſieurs autres de
Normandie, en avertit le Roi de
France & lui donna même les moyens
d'intercepter quelques-unes de leurs
lettres. J'avoue que Philippe en les
envoyant au ſuplice ſans leur avoir
fait faire leur procès, ſe conduiſit
moins en Roi qu'en Tiran ; mais ne
falloit-il pas qu'Edouard fût de la
mauvaiſe foi la plus féroce pour vouloir par repréſailles, *diſoit-il*, faire

couper le cou aux prifonniers François qui étoient encore détenus en
Angleterre depuis la trêve, n'ayant
pas achévé de payer leur rançon. Les
hiftoriens Anglois, en avouant qu'il
alloit commettre cette barbarie fi
Henri de Lancaftre ne l'en eut empêché à force de remontrances & de
prieres, tâchent de l'excufer & font
des raifonnemens auxquels il eft important de répondre pour faire connoître lequel des deux Rois fut l'in-
fracteur de la trêve. Ces Hiftoriens
conviennent qu'Edouard *n'auroit eu
aucune raifon de faire tant de bruit à
l'occafion du fuplice des Seigneurs Bretons, s'ils n'avoient été que fes partifans fecrets ; mais, difent-ils, dans fes
plaintes au Pape, il marque pofitive-
ment qu'ils étoient fes adhérans & qu'ils
avoient été enlevés en Bretagne ; or les
alliés & les adhérans de part & d'autre*

Rapin de Toiras, p. 194.

Ibidem. p. 193 & 504.

étoient compris dans la trêve ; Philippe l'avoit donc violée le premier en faisant enlever ces Seigneurs en Bretagne ou au milieu d'un Tournoy. Je pourrois d'abord répondre que ces Hiſtoriens conviennent qu'Edouard avoit ſouvent avancé des fauſſetés dans ſes manifeſtes contre les Ecoſſois ; qu'il en uſoit ſans doute de même dans ſes déclamations contre Philippe, & que d'ailleurs dans ſes plaintes au Pape, il ne dit pas ſi les Seigneurs Bretons étoient ſes adhérans *ſecrets* ou *déclarés* ; mais je vais prouver qu'ils ne pouvoient pas être ſes adhérans (1) *déclarés* : il eſt certain qu'ils ſuivoient le parti de Charles de Blois lors de

Ibid p.456.

Larrey.

---

(1) Henri de Maleſtroit, un de ces Gentils-hommes Bretons, étoit alors Maître des Requêtes de l'Hôtel : pouvoit-il poſſeder cet office auprès de Philippe, & être en même-temps ouvertement un des adhérans d'Edouard ?

Hiſt. de Paris. T. I. p. 597.

la

la trêve, & qu'un des articles de
cette trêve portoit *que les deux Rois* Du Tillet.
ne pourroient traiter par paroles ou par Recueil 'es Traitez, &c.
écrit avec les sujets l'un de l'autre, &
ne tâcheroient point de les suborner :
Edouard n'avoit donc pas pû traiter
ouvertement avec les Seigneurs Bretons : en traitant secretement avec
eux, & avec quelques gentilshommes Normands, il avoit donc en-
freint la trêve : ses prétendues re-
présail'es sur les prisonniers François,
auroient donc été autant d'assassinats,
& il étoit donc enfin le plus inique
de tous les hommes, *en envoyant dé-* Rapin de Toiras. T. 3.
clarer la guerre à Philippe sur le prétexte p 193. 194.
qu'il avoit violé là trêve par son indigne
action envers les Seigneurs Bretons.

Geoffroy (1) d'Harcourt soupçon-

---

(1) Quand il vit sur le champ de bataille
de Creci le corps du Comte d'Harcourt son
frere & ceux de tant d'autres Seigneurs Fran-

nant qu'on avoit découvert les perfides complots qu'il tramoit depuis
quelques années en Normandie, s'é-
toit réfugié à Londres ; il conseilla
au Monarque Anglois de paroître
vouloir porter tout l'effort de ses
armes du côté de la Guyenne : J'ai
été, lui dit-il, en faveur auprès de
Philippe ; je dois le connoître ; il ne
prévoit jamais & n'agit qu'au moment ; il regarde uniquement où son
ennemi paroît aller, & n'apperçoit
point où il pourroit venir ; menacez
les provinces voisines de la Gascogne, & que vos coups tombent sur
la Normandie ; elle vous offre de
grosses villes, la plûpart démantelées;

çois ses parens & ses amis, il fut saisi de
remords, & quittant seul & sans rien dire
l'armée victorieuse d'Edouard, il vint se
jetter, la corde au cou, aux pieds de Philippe qui lui pardonna.

un pays riche , abondant, tout ouvert , & où l'on n'a point vû de
guerre depuis plus d'un siécle ; vous
aurez chargé vos vaisseaux d'un butin immense ; vous aurez répandu
la terreur jusqu'aux portes de Paris ,
avant que Philippe ait pû rassembler
des forces assez considérables pour
entreprendre de vous combattre.

Edouard suivit ce conseil : le Com-
te de Derby * qu'il envoya en Guyen-   *Henri de
ne , attira toute l'attention de Philip-   Lancastre.
pe de ce côté par la prise de Berge-
rac , d'Angoulême & de quelques
autres places. Le Prince Jean assem-
bla notre armée entre Orleans &
Tours ; il invitoit toute la noblesse
à le suivre ; la France , disoit-il, ne
sera jamais tranquille tandis que
l'Anglois y conservera des possessions ; héritier du thrône , je ne
sçaurois mieux m'annoncer aux peu-

ples que je dois un jour gouverner, qu'en chaſſant enfin du Royaume un ennemi dont le fougueux orgueil entretient l'opiniâtreté. On n'auroit pû qu'aplaudir aux meſures qu'il prenoit, ſi les circonſtances avoient été différentes; il auroit dû penſer qu'il y avoit eu des révolces dans pluſieurs provinces ; que parmi la nobleſſe, ceux qui étoient véritablement affeΩΩΩΩΩΩΩΩΩ

ionnés à la gloire de l'Etat, le ſuivroient ; mais que les mécontens reſteroient dans leurs terres : la punition de quelques Gentilshommes en Normandie, avoit moins épouvanté qu'irrité leurs parens & leurs amis.

A l'approche de notre armée, le Comte de Derby ſe renferma dans Bordeaux ; la plûpart des fortereſſes & des places dont il s'étoit emparé, furent repriſes, & l'on forma le ſiége d'Aiguillon. Pluſieurs Chevaliers

'Anglois & Gascons, distingués par
leur expérience & leur valeur, s'é-
toient jettés dans ce Château ; il
étoit abondamment pourvû de toutes
sortes de provisions, & son assiete
au confluent de la Garonne & du Lot,
le rendoit très-fort. Edouard bien
persuadé que le siége en seroit long,
continuoit son armement, & n'ob-
mettoit rien de tout ce qui pouvoit
aider à faire croire que son objet étoit
de secourir la Gascogne, ou de faire
une diversion sur les côtes du Poitou. Il partit de Southampton le deux
de Juillet, paroissant diriger sa route
vers Bordeaux ; on apprit bientôt
qu'il étoit descendu à la Hogue
dans le Cotentin ; il pilla, brûla,
saccagea Valogne, S. Lo, Caren-
tan, Harfleur, Cherbourg, Caën,
passa sous les murailles de Rouen,
remonta la Seine jusqu'à Poissi, en-

1346.

voya un Herault pour offrir la bataille à Philippe ; *mais de même que
le loup* , dit Mezeray , *après avoir fait
grand carnage dans une bergerie , en-
tenant aboyer les mâtins, ne tâche qu'à
se retirer dans le bois* , il décampa bien
vîte & ne pensa qu'à se sauver dès
que Philippe eut enfin assemblé assez de troupes pour paroître en
campagne. Le plaisir que ressentent
les Historiens Anglois à retracer les
maux que souffrit alors la France , les
engage dans un récit très circonstancié
de la course de leur fameux Edouard.
Etoit-ce un Héros ? N'étoit-ce qu'un
Tartare avide de carnage & de butin ? Le lecteur peut en juger : après
avoir pillé Caën , il chargea promptement , disent - ils , son plus gros
vaisseau de toutes les marchandises
& les richesses qu'il avoit trouvées
dans cette ville & dans quelques au-

tres, & le fit partir pour l'Angleterre ; il ne s'arrêtoit point devant
les places qui pouvoient se défendre ;
il continuoit sa route à travers les
Villes ouvertes & les Villages , les
abandonnant à la fureur du soldat & *Acta pu-*
les réduisant en cendres : du haut des *blica. T. 2.*
Tours de Notre Dame , on pouvoit *pars 4. p.*
205.
voir , ajoutent-ils , l'embrasement du
Château Royal de Poissi , de celui
de S. Germain en-Laye , & des villages de Ruel , de Nanterre & de
Neuilli. Il faut remarquer que ces
Historiens continuent toujours de
dire *que c'étoit pour venger la mort*
des Gentilshommes Bretons : quel prétexte de guerre ! quelle vengeance !

Edouard fuyoit à grandes journées ; son dessein étoit de traverser
la Picardie & d'aller se mettre à couvert sous quelque place de Flandres ;

il se trouva fort embarassé sur les bords de la Somme ; il tenta le passage à Pequigni & à Pontderemi ; il fut vigoureusement repoussé à ces deux endroits : *heureusement on lui* Pag. 197. *enseigna* , dit Rapin de Toiras , *le gué de Blanquetaque ; l'autre bord étoit défendu par Gondemar du Fay à la tête de douze mille hommes ; dans la nécessité , ou de forcer ce gué ou de combattre avec un grand désavantage Philippe qui le talonnoit de fort près, Edouard fit avancer ses troupes qui se trouvant animées par la présence de leur Roi , se jetterent dans l'eau avec tant d'intrépidité qu'elles commencèrent de vaincre leurs ennemis avant que d'en venir à la charge ; les François , ajoute-t-il , après avoir fait quelques vains efforts , se virent obligés d'abandonner ce passage important.*

Ce récit mérite quelques réflexions , d'autant plus qu'il eſt copié d'après Daniel & Choiſi. Pourquoi les Anglois *animés par la préſence de leur Roi* , furent-ils repouſſés à Pequigni & à Pontderemi où nous étions moins en force qu'à Blanquetaque ? D'ailleurs ce gué de Blanquetaque n'en étoit un que pendant deux heures , en baſſe marée ; on n'y pouvoit défiler au plus que quinze hommes de front ; comment Edouard put-il eſperer que douze mille François prendroient d'abord la fuite ? Pourquoi ne craignit-il point que notre armée *qui le talonnoit de près* , n'arrivât & ne taillât en pieces tout ce qui n'auroit pas encore paſſé ? Rapin de Toiras n'a pas jugé à propos de faire ces réflexions , mais n'eſt-il pas honteux que nos Hiſtoriens ne les ayent pas faites , & qu'ils ayent négligé de raporter que Philippe s'écria *que depuis quelque temps on le tra-hiſſoit ſans ceſſe & partout.* Mezeray fait entendre que Gondemar du Fay étoit parent de Geoffroy d'Harcourt, & qu'il s'étoit vendu aux Anglois.

La marée commençoit à remonter quand notre avant-garde arriva à Blanquetaque ; elle y trouva pluſieurs chariots, & trois ou quatre cents hommes qui n'avoient pas encore pû défiler ; il eût été naturel de ne voir en eux que des meurtriers & des incendiaires : on n'y vit qu'un ennemi qui jettoit ſes armes & qui demandoit la vie ; on la leur accorda. Le lendemain 26 d'Août, nous paſſames la Somme ſur le Pont d'Abbeville ; la chaleur fut exceſſive ; il ſurvint enſuite un orage ; il étoit trois heures après midi quand nous arrivames à la vue du camp d'Edouard. Il avoit pris ſon parti dès la veille : ne pouvant

plus efperer de nous échaper & d'é-
viter le combat, il avoit cherché un
terrein avantageux & s'étoit pofté fur
une colline proche du village de
Creci ; une épaiffe forêt qui cou-   Bataille de
vroit fa gauche & la queue de fon   Creci.
camp, formoit avec les retranchemens qu'il avoit fait faire fur fa droi-
te, une efpece de croiffant ; fa gendarmerie en occupoit le centre ; fon
infanterie & fes arbalêtriers étoient
en avant fur les aîles. On repréfenta
à Philippe qu'après une marche de
cinq lieues que l'ardeur du foleil &
l'orage avoient rendue très fatiguan-
te, nos troupes devoient être laffes &
harraffées ; qu'il falloit les laiffer re-
pofer jufqu'au lendemain, & ne pas
engager précipitament une bataille
contre un ennemi frais, bien pofté &
à qui le défefpoir & la néceffité de
vaincre donneroient encore du cou-

C vj

rage. L'impétueux Comte * d'Alençon fronda cet avis avec mépris ; on
ordonna l'attaque ; douze mille Archers Génois formoient notre premiere ligne : on prétend qu'ayant
négligé pendant la marche de couvrir les cordes de leurs arbalêtres ,
elles étoient si mouillées qu'ils ne
purent s'en servir , *& que meurtris &
déconfits par les fleches que les Archers
Anglois leur tiroient si vivement que ce
sembloit neige , ils lacherent le pied & se
renverserent sur notre seconde ligne.*
Il n'y avoit qu'à s'ouvrir pour les
laisser passer ; mais les mouvemens
n'étoient pas faciles sur un terrein
très-étroit , *& où tous ces Seigneurs, *
Rois , Comtes , Ducs & Barons François , avec leurs bannieres , ne venoient
mie ensemble , mais en confusion & désordre , l'un devant , & l'autre derriere.*
Philippe crut sans doute qu'il y avoit

* Frere de
Philippe de
Valois.

Froissart.

* Le Roi de
Bohéme &
son fils le
Roi des
Romains.

de la trahison de la part des Génois : or tôt, s'écria-t-il, *tuez cette ribaudaille qui nous empêche la voye.* Le Comte d'Alençon en voulant leur passer sur le ventre, dérangea sa ligne & fut tué en faisant de vains efforts pour la rétablir : le Prince de Galles avoit profité du moment & il ne lui avoit pas été difficile d'achever de la rompre. Dans l'instant que Philippe s'avançoit pour la soutenir, six piéces de canon qu'Edouard avoit placées au haut de la colline, commencerent à tirer : *ces foudres dont les Anglois,* dit Rapin de Toiras, *se servoient pour la premiere fois, & dont l'usage étoit inconnu en France, firent une si grande exécution parmi les troupes Françoises, & leur inspirerent tant de frayeur qu'on attribue en partie le succès de cette journée à la surprise qu'elles causerent.* Les Comtes de

Pag. 200.

Larrey.

Northampton & d'Arondel qui commandoient la feconde ligne des ennemis, voyant que nous enfoncions la gauche de leur premiere ligne & que nous commencions à la pourfuivre avec impétuofité, firent un mouvement que la nuit favorifoit & qui les mit en état de nous prendre en flanc. Philippe, mauvais Général, fe battoit en foldat ; il reçut deux bleffures, l'une à la gorge & l'autre à la cuiffe ; fon cheval fut tué fous lui ; on entendit crier *fauvez le Roi* ; ce cri, des ordres confus ou mal donnés, la flamme, & le bruit du canon que les ténebres rendoient encore plus terribles à des imaginations qui n'y étoient pas préparées, tout augmentoit le défordre, tout aidoit au carnage ; chacun fuyoit, croyant que les autres fuyoient ; Philippe fut emmené malgré lui hors du champ

de bataille par le Comte de Hainaut :
il vouloit s'y faire tuer.

Tant d'horreurs commifes par les
Anglois dans le fein du Royaume,
lui avoient infpiré une ardeur de
vengeance qui l'aveugla ; les fautes
qu'il fit dans cette journée font in-
concevables ; il pouvoit refferrer
Edouard dans fon camp, l'affamer,
& l'obliger de fe rendre à difcré-
tion au bout de quelques jours ; il
voulut une victoire fanglante ; elle
lui échappa par fon imprudence ; il
fit attaquer par des troupes fatiguées
un ennemi bien retranché , bien perfuadé qu'il ne méritoit aucun quartier , & qu'il ne pouvoit éviter la mort
& fauver fon butin qu'en fe défendant courageufement. Le Prince Jean
avoit emmené l'élite de nos forces en
Guyenne : l'armée qui combattit à
Creci , raffemblée à la hâte , étoit

nombreuſe en hommes & foible en ſoldats : nous avions à notre tête trois (1) Rois, beaucoup de Princes & de Seigneurs, & pas un Général : d'ailleurs le ſeul endroit par où l'on pouvoit aller aux Anglois n'offroit qu'un terrein très-étroit, & qu'il étoit aiſé de diſputer ſur un front de peu d'étendue ; ainſi la ſupériorité (2) du nombre nous devenoit inutile.

Froiſſart rapporte, qu'un Officier

______

(1) Philippe, Jean Roi de Bohême, & Charles ſon fils Roi des Romains : Philippe & Charles furent bleſſés : le Roi de Bohême âgé de quatre-vingts ans & aveugle, ayant fait attacher la bride de ſon cheval à celles des chevaux de deux de ſes Chevaliers, *ſe fit conduire dans la mêlée, où combattant moult vigoureuſement, il fut tué & auſſi ſes Chevaliers : On trouva le lendemain leurs corps auprès de celui de leur Roi, & leurs chevaux encore attachés enſemble.*

(2) On prétend que notre armée étoit de plus de quatre-vingt mille hommes, & qu'Edouard n'en avoit que quarante mille.

vint dire à Edouard que le Prince de Galles étoit très preffé par les nôtres, & qu'il avoit befoin de fecours ; qu'Edouard demanda, *mon fils eſt-il pris ? eſt-il bleſſé ?* Que cet Officier ayant répondu que non, il repliqua, *or retournez vers lui & vers ceux qui vous ont envoyé, & dites leur qu'ils ne m'envoyent deſormais querir ni requerre pour aventure qui leur advienne, tant que mon fils ſera en vie, & que je leur mande de laiſſer gagner à l'enfant* (1) *ſes éperons. Je veux, ſi Dieu l'a or-donné, que la journée ſoit ſienne, & que l'honneur lui en demeure, & à ceux à qui je l'ai baillé en garde.* Les Hiſto-riens Anglois diſent *que ſi leur ar-mée avoit eu du pire, tout auroit été*

Rapin de Toiras. T. 3. p. 489.

____

(1) C'eſt-à-dire, mériter d'être fait Che-valier ; on faiſoit des Chevaliers avant & après les batailles. Le Prince de Galles n'a-voit que feize ans.

perdu *sans reſſource , parce que Philippe avoit réſolu de la faire paſſer ſans miſé-*ricorde au fil de l'épée * : *Barnes , ajou-*tent-ils , *profite judicieuſement de cette circonſtance pour juſtifier la conduite d'E-douard , qui ſe tint à l'écart pendant toute l'action.* Plaçons - nous dans ces tems-là : conſidérons que les Rois s'envoyoient des cartels : qu'Edouard en avoit envoyé à Philippe, & que ſon propos ordinaire étoit , *qu'il ne ſou-haitoit rien tant que de le combattre ſeul à ſeul , ou de le rencontrer dans la mêlée :* peut - être trouverons-nous que Philippe chargeant à la tête de ſes troupes , bleſſé , & ayant eu deux chevaux tués ſous lui , avoit auſſi bonne grace , même dans ſon malheur , que le Monarque Anglois ſur le haut d'une colline , éloigné du danger , ſe repoſant du ſuccès de ſes armes ſur la ſurpriſe que nous

* Un des Panégiri-ſtes d'E-douard.

Rapin de Toiras , p. 199.

cauferoit fon canon (1), & n'arrivant fur le champ de bataille que pour recevoir les complimens fur la victoire.

(1) En 1330 un Religieux Augustin, grand Alchimiste, ayant dans fon mortier une mixtion de fouphre & de falpêtre, il y tomba par hazard une étincelle de feu qui l'alluma & emporta fubitement toute la matiere : chofe qui lui caufant une grande admiration, il en chercha la raifon qu'il trouva naturelle, comme provenant de la chaude & fèche qualité du fouphre, & de la froide humidité du falpêtre : à quoi ajoutant quelque peu de charbon pilé propre à s'enflammer, il produifit cette invention fi dommageable aux hommes : puis voyant cet effet du feu fi véhément qu'enfermé, il fe délivre avec violence, il en fit l'épreuve dans un petit tuyau chargé de fa poudre, & communiqua enfuite fon fecret. Traité de l'artillerie par Diego Velafco.

En 1338 on commença de fe fervir de deux ou trois canons à l'attaque de quelques Châteaux * : c'étoit uniquement pour détruire les donjons. *Les Chevaliers Fran-çois auroient regardé comme une lâcheté de s'en fervir contre des hommes à découvert, & rangés devant eux en bataille.*

* De celui de Puyguil-laume en Auvergne.

On a vû qu'en defcendant à la Hogue il n'avoit pour objet que de faire une courfe, d'emporter du butin, & de faccager le pays : fa victoire lui fit naître l'idée d'une conquête. Il confidera que Calais fur la côte la plus voifine de l'Angleterre, lui affureroit à l'avenir, s'il pouvoit s'en rendre Maître, une entrée prompte & facile dans le cœur de la France : il l'affiégea le 8 de Septembre. Ses premieres attaques furent repouffées avec tant de courage, & l'on fit de fi vigoureufes forties qu'il perdit bientôt l'efpérance de réduire cette place par la force, malgré le fecours de trente mille Allemands & Flamans que venoient de lui amener le Marquis de Juliers & le Comte de Namur. Il prit le parti de faire autour de fon camp des lignes de contrevallation & de circonvallation, avec des redoutes &

des Places d'armes de distance en distance : sa flote bloqua le port, & il ne pensa plus qu'à attendre patiemment que la disette de vivres obligeât le Gouverneur à capituler.

Quelques jours après la bataille de Creci, Philippe avoit écrit au Prince Jean d'abandonner le siége d'Aiguillon, & de venir le joindre avec son armée ; le Comte de Derby se vit donc le Maître de la campagne en Guyenne ; il ravagea la Saintonge, l'Angoumois, le Poitou, prit Xaintes, Poitiers, Niort & Saint Jean d'Angeli. Les Villes de Flandres continuoient dans leur révolte, & fournissoient des soldats à Edouard. Plusieurs Gentilshommes en Bretagne, parens ou amis de ceux qui avoient été décapités à Paris, s'étoient jettés dans le parti du Comte de Montfort, & par conséquent dans celui des Anglois. Charles de Blois fut vaincu & fait prisonnier à la bataille de la Rochederien. Il ne se passoit presque point de semaine que l'on n'apprît la nouvelle de quelque sédition dans les autres Provinces : le François toujours prêt à sacrifier ses biens pour la gloire de l'État , ne commence à se mutiner contre les impôts que lorsqu'il est le plus nécessaire d'en lever ; les mauvais succès lui en rendent le poids insuportable. Tandis que nos meilleurs Officiers se décourageoient , il sembloit que le Ciel se plaisoit à produire contre nous des héroïnes. La Reine d'Angleterre se mit à la tête d'un corps de troupes, & battit le Roi d'Ecosse notre allié. On vit plus d'une fois la Comtesse de Montfort se présenter sur la brêche, ranimer ses soldats, repousser les assiégeans , & leur faire trouver la mort dans ces mêmes foffés qu'ils venoient de franchir. La veuve de Cliffon, une des plus belles femmes de l'Europe, vendit fes pierreries, engagea fes terres, acheta des vaiffeaux, courut la mer, alloit à l'abordage le fabre à la main, & vengeoit la mort de fon mari fur tous les Navires François qu'elle rencontroit.

La fidélité des habitans de Calais lutoit contre toutes les horreurs de la plus affreufe famine ; ils étoient bloqués depuis plus de neuf mois ; notre armée s'approcha pour les fecourir. On examina de tous côtés les retranchemens d'Edouard ; ils étoient inattaquables. C'eft alors que Philippe lui envoya différens cartels : fon unique réponfe fut toujours, *qu'il étoit là pour prendre Calais ; & non pas pour fe battre* : cette prudence ne me feroit point fufpecte, s'il n'étoit pas vrai que l'homme cruel eft rarement brave. Philippe décampa au bout de fix femaines, voyant qu'il ne pouvoit attirer fon ennemi à aucune forte de combat, & qu'il étoit abfolument impoffible de le forcer dans fes lignes. Les affiégés n'ayant plus aucune efpérance de fecours, demanderent à capituler. C'é-toient certainement de braves gens, & dont la réfiftance & la fidélité devoient être admirées & refpectées de tout homme généreux. Edouard dé-clara qu'il ne les recevroit à aucune compofition, & qu'il vouloit être le Maître de leurs vies. Son intention étoit d'en faire pendre un grand nombre, & de faire paffer les autres au fil de l'épée : fon caractere étoit trop connu pour qu'on pût en douter. Deux Légats du S. Siége,

auxquels

auxquels se joignit Gautier de Mauny,
lui représenterent qu'il se rendroit
odieux à toute l'Europe ; que les
François seroient en droit d'user à
l'avenir de représailles sur tous les
prisonniers qu'ils seroient ; que s'il
étoit incapable de pitié pour un ennemi suppliant, il devoit du moins
avoir de la considération pour ceux
qui le servoient, & ne pas les exposer à périr peut-être un jour sous la
main d'un bourreau. Il fut longtemps inflexible : enfin il consentit
à recevoir la garnison prisonniere de
guerre , & à promettre la vie aux
habitans , à condition qu'ils sorti-
roient de la Ville sans emporter aucuns de leurs effets , & qu'ils choisi-
roient préalablement six de leurs
Bourgeois , & les lui livreroient pour
être pendus : on voit qu'il ne pouvoit les traiter avec plus d'inhumanité

à moins que de les faire tous égorger, & que c'étoit donc son premier
dessein. Lorsque le Gouverneur eût
assemblé la Ville & qu'il eut annoncé
ces barbares conditions, le cri général fut qu'il falloit périr les armes à
la main plutôt que de les accepter.
Eustache de S. Pierre, un des plus
riches & des plus notables Bourgeois,
demanda qu'on l'écoutât : S'il nous
étoit possible, dit-il, de combattre
notre ennemi, il n'oseroit pas se
montrer si cruel ; de larges retranchemens nous en séparent ; avant
que nous pussions les avoir franchis,
ses soldats à couvert dans les forts
qu'ils ont élevés, nous auroient per-
cés de leurs fleches ; nous tombe-
rions écrasés par ces foudres incon-
nuës dont il a la lâcheté de se servir ; le François n'a-t-il donc que de
la valeur ? Une ame tendre, géné-

reufe , compatiffante , le diftingua
toujours ; après que nous aurions
tenté de vains efforts , que devien-
droient nos femmes & nos enfans ?
Voulons nous les abandonner à la fureur d'Edouard ? Il demande fix victimes , je m'offre pour être la premiere ; eft-il une mort plus digne
de nous que celle qui fauvera la vie
à nos parens , à nos amis , à nos
compatriotes ? A peine eut-il achevé
de parler que cinq autres s'offrirent
avec la magnanimité la plus empreffée.
Ils fe préfenterent devant Edouard.
dans une contenance ferme & modefte ; l'Anglois les regarda ; l'Anglois
fit figne aux bourreaux de les faifir ;
il repouffa trois fois la Reine fon
époufe qui fe jettoit à fes genoux
pour demander leur grace ; enfin
elle l'obtint.

La prife de Calais fut fuivie d'une

trève ; un fléau plus terrible que celui de la guerre, en suspendit les ca-
lamités les Historiens raportent que
dans le Royaume de Catay en Asie,
on vit pendant quelques heures dans
le ciel un globe de différentes couleurs ; qu'en tombant sur la terre, il
s'ouvrit & répandit une puanteur
dont la malignité sema dans l'instant
la mort dans tout le pays ; que cette
vapeur en remontant & se conden-
sant dans l'air, retomboit en insectes
venimeux, & que l'horrible peste
dont elle renfermoit le germe, après
avoir ravagé l'Asie & l'Afrique, dé-
peupla l'Europe des deux tiers de ses
habitans en moins de dix-huit mois.
Ce fléau avoit été précédé par d'affreux tremblemens de terre qui se firent sentir du Midi jusqu'au Septen-
trion, engloutissant des villes entie-
res dans les abîmes qu'ils entr'ou-
vroient.

Philippe de Valois ne vit pas l'expiration de la trève ; il mourut à Nogent-le-Roi le 22 Août 1350, âgé de cinquante-sept ans ; il venoit de se remarier à une jeune Princesse d'une rare beauté ; on prétend que les transports de sa nouvelle passion, creuserent son tombeau dans les bras de l'Himen.

*Jean II son fils lui succeda ; la trève entre les deux couronnes fut prolongée à diverses reprises jusqu'en 1355 ; la peste & la famine n'avoient pas plus épargné l'Angleterre que la France. Pendant cette trève l'ancien esprit de Chevalerie se renouvella ; on n'entendoit parler que de deffis & de combats particuliers où les Anglois, de l'aveu de tous leurs Historiens, étoient rarement heureux ; un des plus célebres fut celui de trente des leurs contre trente Bretons;

* le Lecteur voudra bien lire la Préface de ce troisiéme Vol.

D iij

D'Argen-tré. on se rendit de part & d'autre sur le lieu de l'assignation près d'un gros arbre entre Ploërmel & Josselin ; il y avoit un mois que les paroles étoient données & qu'on avoit pris jour ; les Anglois commencerent à réflechir qu'un pareil combat ne devoit pas se donner sans la permission des deux Rois, & proposerent de differer jusqu'à ce qu'on l'eût obtenue ;

P. Daniel. les Bretons trouverent que la réflexion venoit un peu tard & les assurerent qu'il ne seroit pas dit qu'ils étoient venus sur le champ de bataille *sans mener des mains & savoir qui avoit la plus belle amie* ; on se battit donc, & le succès du combat décida que les amies des Bretons étoient les plus belles ; plus de la moitié des Anglois furent tués ; les autres s'enfuirent lâchement ou demanderent la vie. Ces petits combats produifoient un bien ; ils réveilloient dans l'ame du François l'eftime pour lui-même , pour fa nation , & l'idée de fuperiorité fur fes ennemis ; ils l'animoient à réparer des pertes qu'il n'avoit effuyées que par la trahifon ou l'imprudence de fes Généraux. On traitoit toujours de la paix à Avignon ; le Pape en étoit le mé-diateur ; il paroît qu'Edouard ne s'a-veugloit point fur fes fuccès , & en effet il eût été difficile qu'il pût fe diffimuler qu'au fiége de Tournay, qu'à celui de Vannes , & qu'enfuite à Creci , nous avions été les maî-tres de l'affamer dans fon camp & de l'obliger de fe rendre à difcré-tion ; on voit dans les actes pu-blics d'Angleterre qu'il donne plein pouvoir à fes Ambaffadeurs de (1)

______

(1) *Necnon renunciandi omni juri quod ha-bemus in & ad regnum five coronam Franciæ.*

Acta publica T. 3. part 1. p. 94. & 100.

renoncer pour lui , & pour les siens, à tous ses droits sur le Royaume de France : il y avoit bien de la honte à renoncer à une si belle couronne s'il croyoit y avoir quelque droit ; mais il ne l'avoit jamais cru ; il avoit donc entrepris une guerre injuste , & qui d'ailleurs devoit le rendre execrable à toute l'Europe par la façon barbare dont il l'avoit faite. Les Histo-

Rapin de Toiras. T. 3. p. 210.

riens Anglois disent *que le Roi Jean après lui avoir offert la Guyenne & les Comtés d'Artois & de Guisnes pour les posseder en toute souveraineté , rompit brusquement la négociation & précipita son peuple dans de nouveaux malheurs.* Il n'y a aucune preuve de cette offre dans les actes publics d'Angleterre ; elle est faussement imaginée ; le Roi Jean consentoit, il est vrai, de laisser la Guyenne à Edouard & de lui céder de plus les Comtés d'Artois &

de Guisnes, mais toujours à condition de l'hommage-lige envers la France, hommage qu'Edouard lui-même avoit rendu pendant neuf ans, & qu'avoient fait tous les Rois ses prédécesseurs pour leurs possessions dans le Royaume : à l'égard des nouveaux malheurs que nous éprouvames, on va voir que la valeur des Anglois eut bien peu de part aux avantages qu'ils remporterent & qu'ils ne les dûrent qu'aux troubles qu'excita parmi nous Charles *le mauvais*, Roi de Navarre. Il étoit fils de Philippe Comte d'Evreux, Prince du Sang, & de Jeanne fille unique de Louis Hutin ; il sortoit donc des deux côtés de la Maison de France ; jamais il n'exista un plus méchant homme ; quelques mois après avoir épousé la fille du Roi Jean, il tenta de le faire assassiner ; il fit poignarder

le Connetable de France dans fon
lit ; fon ame noire , inquiete & tur-
bulente n'enfantoit que des projets
de défordre & de bouleverfement ;
une carriere brillante ne l'auroit point
flaté ; il ne fe plaifoit que dans les
détours ténébreux de la perfidie &
des confpirations ; d'autant plus propre à fomenter des révoltes , qu'il
étoit affable , careffant , liberal , &
qu'à beaucoup de valeur & d'efprit
& à la figure la plus aimable , il joi-
gnoit une éloquence à laquelle il
étoit prefqu'impoffible de réfifter..
Il poffedoit en apanage, ou en échange
de fucceffions, plufieurs villes en Normandie ; il y demeuroit plus fouvent
que dans fon Royaume ; il les avoit
fait fortifier fous differens prétextes ,
& y avoit mis des garnifons Navar-
roifes ; c'étoit de là qu'il montroit
fans ceffe un étendart aux mécontens ,

tandis qu'il faisoit insinuer dans le peuple dont il étoit aimé malgré ses crimes , qu'étant le fils de la fille unique de Louis Hutin , la couronne lui apartenoit ; il n'est pas douteux que si les femmes avoient pû y donner quelque droit , il auroit eu plus de raison d'y prétendre qu'Edouard ; leur intelligence secrette qu'on soupçonnoit depuis quelque temps , faisoit craindre qu'ils ne voulussent s'accorder & s'unir pour tâcher de dépouiller l'héritier légitime & partager entr'eux le Royaume. Telle étoit la crise où nous nous trouvions ; Edouard dont elle favorisoit les espérances , rompit la trève , descendit à Calais , ravagea l'Artois & s'avança jusqu'à Hedin ; le Roi Jean ayant rassemblé des troupes , lui envoya offrir la bataille , ou le combat en champ-clos ; il n'accepta ni l'un ni l'autre :

t.3.p.111. *c'eſt ce que les Hiſtoriens François aſſu-*
rent, dit Rapin de Toiras, *mais les*
Anglois au contraire prétendent que ce
fut Edouard qui fit le deffi & que le Roi
Jean le refuſa. Voilà encore un trait
de la mauvaiſe foi continuelle de cet
Hiſtorien ; Froiſſart , Auteur contemporain, étoit & devoit être très
attaché au Monarque Anglois ; il dit
poſitivement qu'il refuſa le deffi &
qu'il ſe retira bien vîte à Calais d'où.
il repaſſa en Angleterre.

Les Etats Généraux accorderent
un ſubſide pour augmenter notre
armée de trente mille hommes ; le
Roi de Navarre, par les émiſſaires
qu'il avoit dans toutes les villes,
tâcha de révolter le peuple contre
cet impôt & d'en empêcher la levée ;
le Roi Jean informé qu'il étoit à
Rouen peu accompagné, s'y rendit
ſecrettement, le ſurprit à table.,,

l'arrêta, fit couper le cou en fa
prefence à quatre de fes plus zèlés
partifans, l'emmena à Paris & l'en-
ferma dans la groffe tour du Lou-
vre. A la nouvelle de la détention
de fon frere, Philippe de Navarre
qui poffedoit auffi des terres con-
fiderables en Normandie, affembla
fes amis, fouleva une partie de cette province, envoya à Londres, fit
un traité avec Edouard, le recon-
nut pour légitime Roi de France, & ne tarda pas à voir arriver à
fon fecours le Duc de Lancaftre avec
fix mille Anglois. Ils entrerent dans
le Perche, prirent Verneuil & fac-
cagerent le plat pays; mais à l'approche de notre armée, ils fe retirerent vers la forêt de l'Aigle dans
des bois & des marécages où il
n'étoit pas poffible de les forcer;
le Roi Jean laiffa quelques troupes

*Acta pu-
blica.* T. 3.
pars 1. pag.
128.

pour les contenir, & marcha contre le Prince de Galles qui s'étoit avancé jusques dans le Berri, & qui commença à fuir à grandes journées; on le suivit de même & de façon que, toute retraite lui étant coupée, il prit le parti de se retrancher à Maupertuis, à deux lieues de Poitiers, sur un terrein inégal, embarrassé de vignes, de haies, de buissons, & par conséquent de l'abord le plus difficile à la Gendarmerie qui faisoit alors toute la force des armées; mais s'il pouvoit s'y défendre avec ses douze mille hommes contre cinquante mille, sa perte n'en étoit pas moins inévitable par le défaut de vivres; il offrit donc de payer tout le dommage qu'il avoit fait dans sa course, de délivrer tous les prisonniers & de ne point porter les armes contre la France, ni lui

Bataille de Poitiers.

ni les fiens, pendant fept ans; il étoit naturel de rejetter ces offres & d'éxiger qu'il fe rendît prifonnier avec toute fon armée; mais il y avoit de la folie à vouloir le forcer dans un pofte bien retranché, & lorfqu'on pouvoit l'obliger, en l'affamant, à fe foumettre dans trois jours à toutes les conditions qu'on voudroit lui impofer; c'eft ce que tous nos Géneraux repréfenterent en vain au Roi Jean; fa malheureufe deftinée l'entraîna; il traita ces fages remontrances de confeils timides, ajoutant avec tout le dédain d'une fauffe & ridicule bravoure, qu'il étoit honteux de vouloir vaincre fans combattre. Il fit mettre pied à terre à toute la Gendarmerie, excepté à trois cens hommes choifis, qui devoient commencer l'attaque; il falloit pour arriver à l'ennemi,

qu'ils montaffent un défilé où ils
ne pouvoient entrer que quatre de
front ; ce défilé étoit bordé de haies
vives , très épaiffes & derriere lefquelles étoient poftés mille archers
qui les accablerent d'une grêle de
fleches tirées de près ; ceux qui ne
furent point tués , bleffés ou dé-
montés , & qui purent arriver jufqu'au bout du défilé , furent aifément culbutés & mirent le défordre
dans notre Gendarmerie qui devoit
les foutenir , mais qui étant à pied
avec fes armures pefantes , ne put
pas fe rallier affez vîte pour réfifter
au choc de la Gendarmerie Angloife
qui les pourfuivoit ; le Prince de
Galles voyant ce commencement de
déroute dans notre avant garde , fit
promptement couler le long de la
colline fix cens Gendarmes qui tom-
berent par derriere , fans avoir été

aperçûs, fur le corps que commandoit le Dauphin ; l'allarme qu'ils y jetterent fe communiqua bientôt au refte de l'armée ; le murmure y devint général ; on n'y répondoit plus à la voix des chefs que par des reproches ; ont-ils voulu, difoit-on, en nous mettant à pied, nous livrer à l'ennemi ? Les uns fuyoient ; les autres alloient reprendre leurs chevaux & revenoient combattre, mais avec fi peu d'ordre que tous leurs efforts ne fervoient qu'à prouver que le courage feul & la fuperiorité du nombre ne décident pas du gain d'une bataille ; le Roi Jean reçut deux bleffures au vifage , eut fon cheval tué fous lui & fut fait prifonnier.

Les hiftoriens Anglois égalent cette victoire à la plus glorieufe qu'ayent jamais remportée les Romains ; ils comparent le Prince de Galles à Scipion & à Cesar ; c'est au Lecteur à juger si ce Prince mérite ces éloges : il part de Bordeaux pour faire, à l'exemple de son pere, une course de Tartare ; Rapin de Toiras convient qu'on ne s'attendoit pas à cette irruption soudaine ; il pille, brule, saccage un pays ouvert & dégarni de troupes ; dès qu'il aprend qu'on marche à lui, il s'enfuit ; sa retraite est coupée ; il se retranche dans un poste avantageux ; il est prêt à se soumettre à des conditions honteuses ; il offre de ne point porter les armes contre la France pendant sept ans & de rendre tout le butin qu'il a fait ; il est perdu si nous ne cherchons point à le combattre ; l'esprit de vertige semble saisir le Roi Jean ; il veut absolument attaquer, & dispose son attaque de la façon la plus mal conçue ; nous sommes battus. D'ailleurs quel honneur singulier les Anglois prétendent-ils tirer de cette victoire, lorsqu'ils font obligés d'avouer que dans l'armée du Prince de Galles, composée de douze mille hommes, il n'y en avoit au plus que trois mille de leur nation & neuf mille Gascons ?

On avoit conduit le Roi Jean à Bordeaux ; Edouard vouloit l'avoir à Londres ; les Gascons s'y opposoient ; nous avons eu la gloire de le vaincre, disoient-ils, il doit rester parmi nous ; leurs esprits s'échauffoient ; il y avoit à craindre qu'ils n'entreprissent de le mettre en liberté, & qu'ils n'écrivissent secrettement au Comte d'Armagnac qui commandoit dans le Languedoc, de s'aprocher pour les seconder ; c'est ce qui détermina le Prince de Galles à se rendre aux follicitations du Pape, & à confentir à une trève de deux ans ; elle lioit la France ; elle lioit le Roi Jean ; il n'étoit plus permis, tandis qu'elle dureroit, de former aucune entreprife pour le délivrer ; on voit dans les actes publics d'Angleterre que cette trève fut fignée à Bordeaux le 24 Mars 1357, & qu'au commencement d'Avril le Prince de Galles s'embarqua avec fon prifonnier, après avoir apaifé les Gafcons en donnant aux uns de l'argent & en faifant aux autres de magnifiques promeffes. *A fon entrée dans Londres, dit Rapin de Toiras, il étoit fur une petite haquenée noire, marchant à côté du Roi Jean qui montoit un beau cheval blanc fuperbement harnaché :* il y avoit bien de l'orgueil dans cette modeftie du vainqueur ; il y avoit bien de la cruauté à expofer un Roi malheureux à la vue d'une populace.

Acta publica. T. 3. pars 1. p. 133.

Jamais l'union & la concorde n'avoient été si nécessaires qu'après la funeste bataille de Poitiers ; jamais les esprits ne furent si divisés ; jamais il n'y eut dans l'Etat tant de confusion , de trouble & de désordre ; Charles *le Mauvais* s'échappe de sa prison & secoue le flambeau de la guerre civile ; Paris se révolte ; le Dauphin y court risque de la vie ; son autorité est méconnue ; la plûpart des grandes villes , à l'exemple de la Capitale , se livrent à l'esprit d'indépendance ; le bourgeois tranche du Républicain ; l'Ecclesiastique imagine des confrairies pour associer les factieux ; les païsans réduits au désespoir par toutes les violences que la Noblesse exerce avec impunité dans les campagnes , s'assemblent par milliers pour l'assommer & la détruire ; le perfide Edouard viole les conventions de la trève & fournit des troupes à Charles *le mauvais*, afin que la France, après s'être elle-même déchirée, après s'être couverte de nouvelles plaies, ne foit plus en état de lui oppofer que des efforts languiffans, lorfqu'il recommencera la guerre : tel eft le tableau de la Monarchie Françoife pendant les années 1357 & 1358 ; elle étoit expirante ; il fe fit tout-à-coup une heureufe révolution dans les efprits à la nouvelle d'un Traité par lequel le Roi Jean, pour obtenir la paix & fa liberté, donnoit à l'Anglois quatre millions d'écus d'or & lui cédoit en toute Souveraineté la Guyenne, la Saintonge, le Limoufin, le Perigord, le Roüargue, le Querci, l'Angoumois, le Poitou, le pays d'Aunis, la Touraine, l'Anjou, le Maine, la Normandie, le Boulonnois, le Ponthieu, les Comtés de Montreuil, de Guifnes, la ville de Calais, & la mouvance de la Bretagne.

On refusa unanimement d'acquiescer à une paix si honteuse ; l'honneur & l'amour du nom François se réveillerent dans le cœur de la nation ; Charles *le mauvais* lui-même sembla se dépouiller de son caractere factieux & turbulent ; il se réconcilia avec le Dauphin ; le feu de la discorde s'éteignit ; les divisions cesserent ; l'esprit de parti qui n'avoit que trop regné dans l'assemblée des Etats Généraux , disparut , & les Députés des trois Ordres , après avoir déliberé sur les mesures qu'il falloit prendre pour soutenir la guerre , accorderent au Dauphin des subsides considérables ; mais qu'il étoit presque impossible de lever dans un Etat que ses dissentions n'avoient pas moins épuisé d'hommes & d'argent , que les incursions de l'Anglois.

Les prosperités d'Edouard l'avoient enorgueilli au point qu'il fut très indigné de ce que la France refusoit de souscrire aux conditions qu'il avoit imposées au Roi Jean ; il jura de la réduire à le reconnoître pour maître ; il renouvella ses alliances avec les Princes de la Basse Allemagne & avec les villes de Flandres , y leva des troupes , & se vit bientôt à la tête d'une armée de cent *Larrey.* mille hommes , composée d'Allemans , de Flamans , d'Anglois & de Gascons. Il partit de Calais au mois de Novembre 1359 , pilla l'Artois & la Picardie , entra en Champagne & s'arrêta devant Rheims ; son intention étoit de s'y faire sacrer ; mais cette ville quoiqu'assez mal fortifiée , se défendit avec tant de courage qu'il fut obligé d'en lever le siége ; il se consola en

rançonnant

rançonnant la Bourgogne & le Niver-
nois , en faccageant la Brie & la
Champagne , & en fe donnant le
barbare plaifir de bruler les environs
de Paris. Il continuoit les mêmes ra-
vages dans la Beauce, lorfqu'un jour,
difent les Hiftoriens , le ciel fe cou-
vre tout à coup de nuages épais ;
en moins d'un quart d'heure tout
fon camp eft inondé ; tentes , baga-
ges , munitions , tout eft entrainé par
les torrens ; une grêle d'une groffeur
prodigieufe tue (1) les hommes & les
chevaux ; les arbres que les vents
déracinent, la foudre & les éclairs
achevent d'imprimer la terreur dans
l'ame la plus intrépide ; le foldat
crie que c'eft Dieu qui veut varger
la France ; Edouard en paroit per-

____

(1) Il y eût mille hommes tués & fix mille
chevaux , difent les Hiftoriens Anglois.

Tome III.   E

suadé ; il se tourne vers l'Eglise de Chartres dont on apercevoit les clochers , & fait vœu, s'il échape à ce danger , de consentir à la paix ; dans l'instant , ajoutent les Historiens , l'orage cesse , le soleil paroit & le ciel devient serein.

Il faut observer que le Dauphin n'étant pas assez fort pour tenir la campagne , en avoit retiré , autant qu'il avoit pû , tous les grains & les fourages ; qu'il les avoit fait transporter dans les villes & les Châteaux qui pouvoient résister , & où il avoit jetté une partie de ses forces , tandis que l'autre, en petits corps séparés, voltigeant autour de l'ennemi , harceloit sans cesse son arriere garde ; qu'Edouard s'étoit opiniatré au siége de Rheims pendant sept semaines ; qu'il y avoit perdu beaucoup de monde ; qu'ensuite la difficulté de trouver des vivres & la fatigue des marches & des contremarches pendant un hiver très pluvieux, avoient causé des maladies dans ses troupes ; qu'elles étoient diminuées de moitié & déperissoient tous les jours ; qu'il avoit pillé, brulé, saccagé le plat pays & n'avoit fait aucune conquête ; que l'on peut donc présumer que le vœu qu'il fit de donner la paix à la France, n'étoit qu'un trait d'ostentation & d'hipocrisie pour couvrir la honte de n'avoir pû rien exécuter de considérable avec une armée si nombreuse ; & qu'enfin il n'auroit pas été en état d'imposer des conditions aussi dures que le furent celles du traité de Bretigni, si Charles *le mauvais*, toujours le même, toujours traitre à la patrie & au sang dont il sortoit, n'avoit pas rompu de nouveau avec le Dauphin, & rallumé le feu de la guerre civile en Normandie.

Rapin de Toiras, T. 3 p. 220.

E ij

On a vû que par le Traité auquel
les Etats Généraux refuserent d'acquiescer , le Roi Jean promettoit
pour sa rançon quatre millions d'é-
cus d'or , & cedoit , en toute souveraineté , la Guyenne , la Gascogne ,
la Saintonge , le Limousin , le Perigord , le Roüargue , le Querci ,
l'Angoumois , le Poitou , le pays
d'Aulnis , la Touraine , l'Anjou , le
Maine , la Normandie , le Boulonois ,
le Ponthieu , les Comtés de Montreuil , de Guisnes , la ville de Calais , & la mouvance de la Bretagne :
par le Traité (1) de Bretigni , la
rançon fut mise à trois millions d'écus

(1) Ce Traité commence ainsi :
Comme par les guerres sont souvent adve-
nues batailles mortelles ,
Occisions de gens ,
Perils des ames ,
Deflorations de pucelles & de vierges ,
Deshonnestations de femmes mariees & de
veuves , &c.

A la pu-
blica. T. 3.
part. 2. p.
14.

d'or, & l'on ceda les mêmes provinces, à l'exception de la Normandie, de la Touraine, de l'Anjou, du
Maine, & de la Souveraineté sur la
Bretagne & sur la Flandres; Edouard
de son côté promit de renoncer à
toutes ses prétentions sur la couronne
de France. Le Roi Jean revint dans
son Royaume le 28 d'Octobre 1360;
il retourna en Angleterre vers les fêtes de Noël 1363, sans qu'on ait jamais sçu le véritable motif de ce
voyage; il mourut à Londres le 28
d'Avril 1364. C'étoit certainement
un preux Chevalier; mais d'ailleurs
un Prince sans genie, sans conduite,
sans discernement; n'ayant que des
idées fausses ou chimériques; outrant
la probité comme la bravoure; d'une
facilité étonnante avec un ennemi
qui le flatoit, & d'un entêtement le
plus orgueilleux avec des Ministres

E iij

affectionnés qui ofoient lui donner des confeils ; impatient, fantafque, & ne parlant que trop fouvent avec humeur au foldat : un jour qu'on chantoit la chanfon de Roland , comme c'étoit l'ufage dans les marches, *il y a longtemps*, dit-il, *qu'on ne voit plus de Rolands parmi les François : on y verroit encore des Rolands, lui répondit un vieux Capitaine, s'ils avoient un Charlemagne à leur tête.*

Avant que de raporter les évenemens de la guerre qui fe ralluma entre les deux couronnes en 1368, il faut éxamirer fi Charles V eut de juftes raifons pour la déclarer. Je ne rapellerai point ici qu'Edouard après avoir reconnu Philippe de Valois pour Roi de France & pour fon Seigneur, viola des fermens * renouvellés pendant huit années enrieres, & ne s'excufa qu'en difant *qu'il*

Boëthius. hift. fcotorum.

* Voyez les pages 24, 25 & 26 de ce troifiéme Volume.

avoit protesté d'avance dans son conseil
secret contre tous les traités qu'il feroit
avec Philippe, & qu'il ne les avoit faits
que par la crainte de perdre ses possessions en France, & que parce qu'il n'é-
toit pas en état de commencer la guerre.
Je ne dirai point que le Roi Jean
avoit aussi protesté dans son conseil
secret contre les Traités qu'il signe-
roit ; il étoit incapable de cette restric-
tion mentale, & d'ailleurs cette excuse
dont Edouard s'étoit servi, aparemment parce qu'il savoit que sa nation la
trouveroit bonne, ne paroîtroit pas
telle à la notre. Je m'attacherai donc
uniquement aux articles du Traité,
& à faire voir lequel des deux Rois
y manqua ; je n'insisterai pas même
sur ce qu'un contrat n'est valide qu'autant que les parties contractantes sont
en pleine liberté, & que le Roi Jean   Grotius de
                                        jure belli &
n'y fut jamais, puisqu'avant que de   pacis.

E iv

fortir de prifon, il fut obligé de donner en otage deux de fes fils, fon
frere, deux autres Princes du Sang,
& plufieurs Seigneurs : on fçait que
les otages d'une paix répondoient fur
leur tête de l'accompliffement des
conventions. J'annonce au Lecteur
que je ne puis pas être fuccint, &
qu'il s'agît d'un point des plus importans dans l'hiftoire de nos guerres
avec les Anglois.

Le XIIe article du Traité figné
à Bretigni le 8 Mai 1360, portoit,
comme je l'ai dit, que le Roi Jean
renonceroit à la fouveraineté fur les
provinces qu'on cedoit à Edouard :
que de fon côté Edouard renonceroit
à toutes fes prétentions fur la couronne de France, fur la Normandie, la Touraine, l'Anjou, le Maine
& à la fouveraineté fur la Bretagne &

fur la Flandres ; que les deux Rois conviendroient à Calais du temps & du lieu où fe feroient lefdites renonciations.

Lorfqu'ils furent à Calais, ils corrigerent quelques articles de ce Traité de Bretigni, & en firent & fignerent un par lequel il fut dit que lefdites renonciations ne fe feroient point quant à préfent : que les provinces, villes & terres cedées à Edouard lui feroient délivrées dans le terme du 24 Octobre 1360 jufqu'à la Touffaint 1361 : que cette délivrance faite, les Députés des deux Rois fe trouveroient dans l'Eglife des Auguftins de Bruges, le jour de la S. André de cette même année 1361, pour s'y donner & y recevoir lefdites renonciations réciproques, c'eft-à-dire, la renonciation du Roi Jean à la fouveraineté fur les

Acta publica. T. 3. part 1. pag. 204.

Acta publica T. 3. part 2. pag. 22.

E v

provinces cédées à Edouard , &
celle d'Edouard à ſes prétentions
ſur la couronne de France &c : que
cependant le Roi Jean ſurſeoroit
d'uſer de ladite ſouveraineté ſur les
provinces cédées juſqu'au terme marqué pour leſdites renonciations ; de
même qu'Edouard ſurſeoiroit de ſon
côté de s'apeller & faire apeller Roi
de France juſqu'au dit terme : *ſauf
toutes voies & réſerves pour nous Roi
Jean , nos hoirs & ſucceſſeurs , que leſdites Lettres ci-deſſus incorporées n'ayent
aucun effet ni ne nous puiſſent porter aucun préjudice ou domage , juſqu'a ce que
notredit frere Edouard , & notredit neveu le Prince de Galles , auront fait
envoyer & bailler leurſdites renonciations
en la maniere ſuſdite , & qu'ils ne puiſſent s'aider deſdites preſentes Lettres
contre nous, nos hoirs & ſucceſſeurs , en
aucune maniere , ſinon au cas ſuſdit.*

*Acta pu-
blica. T. 3.
pars 2 pag.
15 & 17.*

L'article XXVIII portoit qu'E-
douard, à ses dépens, mettroit le Roi
Jean en possession de tout ce que lui *Ibid. p. 5.*
Edouard, ou ses alliés, tenoient dans
les provinces non cédées ; de même
que le Roi Jean feroit livrer, à ses
dépens, tout ce qui devoit être livré
à Edouard ; que s'il se trouvoit des
sujets rebelles & desobéissans , le
Roi Jean les contraindroit d'obéir à
ses dépens, & qu'Edouard s'obligeoit aussi à la même chose de son
côté.

Rapin de Toiras convient que le *T. 1. p. 229.*
Roi Jean fut très exact à remplir ses *& 243.*
engagemens ; que les commissaires
Anglois furent mis en possession des
Provinces cédées, & qu'il n'y eut de
difficulté que sur le Comté de Gaure
en Gascogne & sur la terre de Belleville en poitou, *objets de peu de con-*
sequence & qu'on mit en arbitrage.

Edouard au contraire, dit du Tillet, ne penſoit qu'à ſapper & ruiner la part du Royaume reſtante au Roi Jean, afin de s'en emparer enſuite. Au lieu de déli-vrer à ſes dépens les villes & fortereſſes tenuës par ſes garniſons, comme il y étoit expreſſement obligé par les traités de Bre-tigni & de Calais, il les pouſſoit ſous main non ſeulement à les garder & retenir en leur nom ſous pretexte de ſol-des à eux duës, mais encore à s'aſſem-bler & à en occuper d'autres, & à courir, piller & rançonner de tous côtés le dit Royaume, qui parconſequent n'etoit pas moins grevé, qu'il l'avoit été par la guerre des Anglois, laquelle duroit en effet ; car ceux qui la continuoient avoient tenu leur parti, ſe faiſoient apeller gens de compagnies ; ainſi il n'y avoit que le nom de changé : pour ſauver les apa-rences, ledit Edouard envoyoit aux Com-mandans des places des ordres pour les rendre, mais il ne se mettoit nullement en état de les y contraindre.

Il devoit envoyer ses Députés à Bruges, & l'on voit dans les actes d'Angleterre une (1) commission, en date du 15 Novembre 1361 , par laquelle il nomme Jean Vuedale & Thomas Dunclent pour se rendre *Acta publica. T. 3. pars 2. pag. 49.* dans cette ville ; mais il changea d'avis & ne les envoya point ; il paroît que le Pape lui en fait des reproches *Ibid. p. 52.* dans une Lettre du mois de Janvier

---

(1) Il est certain qu'à l'exception du Comté de Gaure & de la Terre de Belleville, le Roi Jean avoit remis aux Anglois tout ce qu'il devoit leur remettre ; ainsi M. de Bonamy, s'il avoit lû atentivement cette commission, y auroit vû que l'objet d'Edouard étoit de faire des chicanes pour ne pas donner ses renonciations ; il auroit aussi vû que dans le Traité avec les Princes du Sang, il avoit le même objet ; & le nouvel Editeur de l'histoire du P. Daniel se seroit épargné la note qui est au bas de la page 66 du VI volume. *Hist. de l'Academ. des Inscrip. T. 17. pag. 381.*

1362. Jean de Montreuil & Jean Juvenal des Ursins disent que nos Députés se trouverent à Bruges, le jour de la S. André 1361, avec les Lettres Patentes qui contenoient les renonciations du Roi Jean, & du Dauphin, à la souveraineté sur les provinces cedées, mais qu'Edouard n'y envoya ni les Lettres Patentes, ni les renonciations qu'il devoit y envoyer de son côté.

Il se voyoit en possession des provinces cédées ; il avoit pris le parti de gagner du temps par des chicanes & de nouvelles propositions, & il ne cherchoit plus qu'à éluder les articles du Traité, en paroissant cependant toujours prêt à es exécuter. Il offrit en 1362 aux Princes du Sang & à quelques uns des principaux Seigneurs qu'il avoit en otage, de les laisser retourner en France, à condi-

Mss. Biblio-th. du Roi.

tion qu'ils figneroient & feroient figner par le Roi Jean, le Dauphin &
les Etats Généraux, un nouveau
Traité où il confentoit de donner les
renonciations promifes de fa part, de
même que le Roi Jean donneroit les
fiennes ; mais à cet article il en ajoutoit un autre auquel il étoit fûr que
le Dauphin & les Etats Généraux ne
voudroient pas foufcrire : il portoit
que lui Edouard ne feroit point tenu
à des dédommagemens pour les pil- *Acta pu-*
lages que fes Capitaines, foldats, ad- *blica T. 3.*
herens ou alliez, avoient faits ou conti- *pars 2. pag.*
nuoient de faire, depuis la paix fignée, *71.*
dans la partie du Royaume reftante au
Roi Jean, & qu'il ne feroit point
obligé de les contraindre, à fes de-
pens, de rendre les villes & forte-
reffe qu'ils y retenoient. On vit le
danger & toute la perfidie de cet article ; on reprocha au Roi Jean la

foibleſſe qu'il avoit eue d'aprouver
ce nouveau traité ; on le rejetta unanimement ; les choſes demeurerént
dans l'état où elles étoient, & il ne
fut plus parlé des renonciations réciproques.

Le Prince de Galles, quoique re-
devable d'une partie de ſa gloire aux
Gaſcons, les traitoit avec beaucoup
de hauteur & de dureté ; ſon gouvernement ne tarda pas à leur paroître un joug ; il acheva de les in-
diſpoſer par une taxe qu'il voulut
mettre ſur chaque feu dans toutes les
provinces de ſa nouvelle domination ;
la plûpart des Seigneurs Laïques &
Eccléſiaſtiques & preſque tous les
Députés des principales villes, laſſés
de voir qu'il violoit ſans ceſſe leurs
privileges & qu'il n'avoit nul égard
à leurs remontrances, ſignerent une
requête dans laquelle après avoir

expofé fes ufurpations , fes injufti-
ces , les violences & les vexations de
fes Officiers , ils en interjettoient appel à la Cour des Pairs de France ;
le Sire d'Albret , les Comtes d'Armagnac , de Cominges , de Car-
maing & de Perigord vinrent préfen-
ter cette requête à Charles V ; il les
reçut avec bonté , les traita avec di-
ftinction , mais quoiqu'ils le preffaf-
fent , il differa pendant près d'un an
à leur donner une réponfe pofitive ;
il étoit bien fûr de fon droit de fouveraineté fur la Guyenne , mais afin
que toute l'Europe en fût inftruite ,
il affectoit de vouloir en être encore
mieux éclairci , en confultant les
Univerfités les plus célebres d'Efpagne , d'Allemagne & d'Italie. Enfin
il tint fon Lit de Juftice au mois de
Janvier 1368 ; on y examina les
Traités de Bretigni & de Calais ; les

prévarications d'Edouard étoient manifestes ; il avoit donné des secours
à Charles *le mauvais* ; il avoit continué ses intrigues & ses intelligences
avec les Flamans ; ses garnisons n'a-
voient point evacué les places & les
forteresses qu'il devoit rendre & livrer à ses dépens ; elles avoient pillé
& ravagé la partie du Royaume ref-
stante au Roi Jean ; il avoit fallu leur
faire la guerre, & cette guerre avoit
couté beaucoup de sang & d'argent ;
quand même Edouard ne les auroit
pas excitées secretement, il étoit
toujours responsable des maux qu'elles avoient faits . puisqu'il étoit dit
(articles XXVIII & XXIX) *que s'il
se trouvoit des sujets rebelles & deso-
béïssans, le Roi d'Angleterre s'obligeoit
à les contraindre d'obéir à ses propres dépens.* A l'égard des articles qui regardoient les renonciations, ils por-

toient que la souveraineté du Roi
Jean sur les provinces cedées, demeureroit dans le même état : que
cependant il surseoiroit d'user de ladite souveraineté jusqu'à la S. André
1361 , jour marqué pour se donner
les renonciations réciproques : que les
Lettres de renonciation à la souveraineté sur les provinces cedées, qu'il
feroit & qu'il enverroit audit jour
de la S. André , n'auroient aucun
effet & ne pourroient lui porter préjudice , ni à ses hoirs & successeurs,
si Edouard ne lui faisoit pas en même
temps donner ses Lettres de renonciation à ses prétentions sur la couronne de France : or Edouard avoit
toujours éludé de donner ses Lettres
de renonciation à ses prétentions sur
la couronne de France ; donc le Roi
Jean avoit conservé la souveraineté sur
les provinces cedées, & par conséquent

*Acta pu-
blica T. 3.
pars 2 pag.
11 & 17.*

Charles V, son fils & son successeur, étoit en droit de recevoir l'appel des peuples du Duché de Guyenne. Il le reçut ; le Prince de Galles, comme vassal de la couronne, fut ajourné à comparoître à la Cour des Pairs ; il répondit qu'il comparoîtroit à la tête de soixante mille hommes, & pour premier exploit, quoique Bernard Pallot & Jean Chapponal qui lui notifierent cet ajournement, se fussent pourvûs d'un sauf-conduit, il les fit *Juvenal des* emprisonner & maltraiter cruelle-
Ursins. ment ; quelques Historiens disent même qu'il les fit mourir en prison ; c'étoit violer le droit des gens, mais de tout temps, & nous en avons des preuves recentes, l'Anglois s'est peu soucié de l'estime des nations, & son orgueil regarde cette indiffe- rence comme une noble liberté de penser.

Dans les Traités de Bretigni &
de Calais il étoit dit que s'il naiſ-
ſoit des conteſtations ſur quelques
articles , *les deux Rois ſe ſoumet-* | *Acta pu-*
troient à l'arbitrage de la Cour de | *blica. T. 3.*
Rome ; Edouard acheva de contreve- | *par. 2. p. 7.*
nir à ces Traités en refuſant l'offre
que lui fit Charles V de remettre
leurs differens à la déciſion du Pape
& des Cardinaux ; l'unique réponſe
de ſes Miniſtres à nos Ambaſſadeurs ,
fut toujours *que ſi le Roi de France* | *Jean de*
commençoit par abandonner la cauſe des | *Monſtreuil.*
peuples du Duché de Guyenne , & par
renoncer à la ſouveraineté ſur les pro-
vinces cédées , ils préſumoient que leur
Roi feroit de ſon côté les renonciations
qu'il devoit faire. Il ne les avoit donc
pas faites , & quelques temps après
il ne balança plus à déclarer qu'il | *Acta pu-*
n'avoit jamais renoncé expreſſément ni | *blica. T. 3.*
tacitement à ſes prétentions ſur la cou- | *par. 2. pag.*
ronne de France. | *166.*

J'ai tiré tout ce que j'ai dit des actes même d'Angleterre ; c'eſt-à-préſent au lecteur à juger de toute la mauvaiſe foi de Rapin de Toiras ; il avoit ſous les yeux le Traité de Calais qui corrige & interprete quelques-uns des articles de celui de Bretigni ; il affecte de ne point parler de ces articles ; il feint de les ignorer ; a-t-il crû qu'aucun Hiſtorien François n'auroit recours aux actes publics d'Angleterre ? Comment n'a t il pas craint de décrier ſon Hiſtoire & de ſe déshonnorer lui-même , par cette indigne prévarication ? Comment oſe-t-il avancer que *le Roi Jean, en mettant Edouard en poſſeſſion des Provinces cedées , ne s'étoit point réſervé la ſouveraineté ſur ces Provinces , ni dans le traité même , ni dans aucune des ratifications particulieres de chacun des articles , & que s'il*

T. 3. p. 243.

s'étoit réfervé la ſue ſouveraineté, il n'auroit pas négligé de faire une proteſtation
quand Edouard (au mois de Juillet
1362) érigea la Guienne en principauté en faveur de ſon fils, ſans la
participation de la France. Le Traité
de Calais (on me pardonnera cette
fréquente répétition) portoit expreſ-
fément que la ſouveraineté du Roi
Jean ſur les Provinces cédées, demeureroit dans le même état ju'qu'à
ce que les deux Rois ſe fuſſent envoyé réciproquement les renonciations qu'ils devoient faire : que ſi
Edouard n'envoyoit pas ſes renonciations à ſes prétentions ſur la couronne de France, les renonciations du
Roi Jean à la ſouveraineté ſur les
Provinces cédées, n'auroient aucun
effet ; Edouard n'envoya pas ſes renonciations ; par conféquent l'acte par
lequel il s'attribuoit la ſouveraineté

fur la Guyenne en l'érigeant en principauté en faveur du Prince de Galles, étoit un acte nul ; c'étoit une contravention au Traité *, & contre laquelle le Roi Jean avoit protesté d'avance.

Je ne dois pas oublier un grief dont le Monarque Anglois se plaignoit comme d'une lésion énorme : *quelques-uns des prisonniers, disoit-il, qui étoient détenus dans nos états faute d'avoir payé leur rançon, & quelques-uns des otages, se sont échapés & ne sont point revenus ; quelques sommations que nous leurs ayons fait faire, & au Roi Charles.* Je demande s'il n'étoit pas naturel que les otages d'une paix qu'il violoit, se crussent libres, surtout quand leurs apanages & leurs domaines étoient saccagés par ses capitaines & ses soldats qu'il excitoit sous main ; je demande

s'il

s'il n'étoit pas le plus inique de tous les hommes, en exigeant de ses prisonniers des sommes exorbitantes pour leur rançon, malgré les représentations qu'ils lui faisoient sur l'état de leurs terres que ses troupes n'avoient pas moins ruinées depuis la paix que pendant la guerre.

Comme l'Angleterre & l'Ecosse ne forment plus qu'un même Etat, Rapin de Toiras parle avec impartialité sur les guerres & les traités entre ces deux Royaumes avant leur union ; il convient qu'Edouard em- *T. 3. p. 165 & 166.* ploya les moyens les plus lâches & les plus perfides pour détrôner le Roi d'Ecosse un enfant & son beau-frere; mais dès que ce même Edouard a affaire avec la France, il en fait un Prince juste, magnanime, plein de candeur, de droiture, & d'une modération étonnante dans ses succès ;

Tome III. F

d'ailleurs, dit-il, *il est peu vraisem-blable que le traité de Brétigni lui étant si avantageux, il eut voulu four-nir aux François des prétextes de le rompre.* Pour moi je dis que ce traité si avantageux pour lui & si dur pour nous, étoit précisément ce qui le portoit à se persuader qu'il falloit achever d'envahir la France, ou crain-dre sans cesse, si elle avoit le temps de respirer, qu'elle ne se vangeât de tous les maux qu'il lui avoit faits; voilà pourquoi il tachoit d'y entre-tenir des troubles en fournissant des secours à Charles *le mauvais*; voilà pourquoi il continuoit de la faire ravager par une partie de ses trou-pes qu'il avoit licentiées exprès sans les payer; il éludoit d'envoyer ses renonciations, parce qu'il se flatoit toujours que nos Provinces excedées de misere, se donneroient enfin à lui de défefpoir, & s'accoutumeroient enfu.te peu-à-peu à fe faire illufion fur fes prétendus droits à un Royaume dont il pouvoit finir ou prolonger long-temps les malheurs. Ses efpérances furent trompées, & il éprouva qu'un long regne n'eft fouvent pour les Rois injuftes qu'un don que le ciel tire du tréfor' de fes vengeances, afin qu'ils voyent avant leur mort la chute de cet édifice qu'avoit élevé, & cimenté de fang, leur fuperbe & fougueufe ambition. DuGuefclin après avoir battu, en 1364, l'armée de Charles *le mauvais* à Cocherel, & l'avoir obligé par cette victoire à demander la paix, avoit rendu l'année fuivante un fervice encore plus important à la France; il avoit engagé ces compagnies de brigans qui la défoloient, à le fuivre en Efpagne contre D. Pedre *le cruel*,

F ij

Roi de Castille, qui venoit d'em-
poisonner * Blanche de Bourbon sa
femme. Charles V délivré de ce
fleau & des hostilités de Charles *le
mauvais*, s'étoit apliqué à soulager
son peuple, à mettre de l'ordre & de
l'œconomie dans ses finances & à
faire refleurir l'agriculture & le commerce : les ressources d'un Royaume
comme la France, à moins qu'elles
ne soient étouffées par une administration tirannique, sont si grandes &
si naturelles, qu'il lui faut peu de
temps pour se rétablir & redevenir
florissant : Charles V, en moins de
cinq années, se vit en état de ne plus
user de ménagemens avec Edouard,
& de faire briller le glaive de la justice & du Souverain contre ce vassal
dont l'ambition n'avoit point eu de
bornes ; il lui envoya déclarer la
guerre par un simple valet, après que

fur fes attentats, fes infractions aux traités, fur la réponfe audacieufe du Prince de Galles fon fils, & les violences exercées contre deux (1) perfonnes revêtues d'un caractere public, la Cour des Pairs, par fon Arrêt du mois de Novembre 1369, eut confifqué le Duché de Guyenne & toutes fes autres poffeffions dans le Royaume.

Je n'entrerai point dans le détail de cette guerre ; il fuffit de dire qu'Edouard fe vit enlever, en moins de fix campagnes, ces mêmes Provinces dont la conquête lui avoit couté plus de vingt années, quoique favorifé par nos diffentions, nos guerres civiles, & par tous les efforts de la méchanceté de Charles *le mauvais.* Quelques-uns de nos Hiftoriens, toujours

______

(1) Bernard Pallot, & Jean Chapponal.

fidelles copiftes des Hiftoriens Anglois, font entendre au lecteur que
la vieilleffe d'Edouard & la maladie
du Prince de Galles, contribuerent
beaucoup à la rapidité de nos fuccès ;
il eft certain que le Prince de Galles ,
quoi qu'il continuât de commander
& d'agir, ne jouiffoit pas depuis
quelque temps d'une bonne fanté ;
mais celle de Charles V n'étoit pas
meilleure ; à l'égard d'Edouard, il
mourut à l'âge de foixante cinq ans ;
il n'en avoit que cinquante-huit
quand la guerre recommença, & il
fut jufqu'à la mort du tempérament
le plus robufte. Difons que dans
les guerres précédentes les deux tiers
de fes armées étoient compofés de
capitaines & de foldats Gafcons ,
& des Provinces au - delà de la
Loire ; au lieu que dans cette derniere guerre , la plûpart des Sei-

gneurs de ces Provinces, ne tenant plus son parti, les deux tiers de ses troupes étoient composés d'Anglois. Il auroit pû tirer de grands secours de la Bretagne, si les Bretons ne s'étoient pas opofés avec la plus grande fermeté aux mauvaises intentions & aux entreprifes de leur * Duc contre la France.

Charles V mourut le 16 de Septembre 1380 ; à fa mort, il ne reftoit aux Anglois dans le Royaume que Calais, Cherbourg, Breft, Bordeaux & Bayonne. La jeuneffe de Charles VI qui n'étoit que dans fa douziéme année lorfqu'il parvint à la Couronne, livra la France à l'avarice & à l'ambition de fes trois oncles, les Ducs d'Anjou, de Berri & de Bourgogne ; appellés par leur naiffance au gouvernement de l'Etat, ils en furent les tirans, & ne

* Il étoit gendre d'Edouard. Voyez p. 98 & 99 du premier Volume

penserent qu'à leurs seuls intérêts.
Le Duc d'Anjou que Jeanne Reine
de Naples avoit adopté, partit pour
l'Italie, après s'être emparé du
tréfor que le feu Roi avoit amaffé
& caché dans le Chateau de Melun; le Duc de Berri alla piller le
Languedoc & la Guyenne dont il
s'étoit fait donner le gouvernement,
& le Duc de Bourgogne qui reftoit
le maître dans le confeil, y fit ré-
foudre la guerre contre les Flamans qui s'étoient révoltés contre
le Comte de Flandres dont il avoit
époufé la fille & l'unique héritiere.
Le Roi n'avoit pas quatorze ans,
mais fon humeur guerriere s'étoit
manifeftée dès l'enfance; il voulut
abfolument marcher à cette expédition. C'étoit au commencement de
Novembre; la Lys étoit fort en-
flée; cinq ou fix cent des nôtres, ayant

trouvé quelques bateaux, passerent
cette riviere sans être aperçus, atta-
querent brusquement & chasserent un
corps de six mille des ennemis qui
gardoit la tête du pont de Comines ;
on trouva parmi leurs morts une
vieille femme qui leur avoit promis
qu'ils seroient invincibles, s'ils lui
laissoient porter l'étendard· de S.
Georges. Nous avançames dans le
pays , & le dix - sept Novembre
1382 est mémorable dans notre histoire par le gain de la bataille de
Rosebeque ; les révoltés fiers de
leur nombre & pleins de la plus im-
pudente confiance , avoient déliberé
la veille, dans leur conseil , *de ne
faire de quartier à personne qu'au petit
Roi Charles dont Philippe Artevelle ,
leur chef, vouloit faire présent au Roi
d'Angleterre.* Ils furent entierement
défaits ; il y en eut plus de vingt

milles de tués ; Artevelle fut du nombre ; cette victoire jetta l'épouvante dans les villes rébelles ; toutes se soumirent , excepté Gand ; la saison étoit trop avancée pour en faire le siége ; le Roi revint à Paris.

L'année suivante , la guerre fut encore plus vive en Flandres ; la religion s'en mêla ; il y avoit deux Papes , Clément VII & Urbain VI ; ils s'anathématisoient réciproquement depuis cinq ans ; Urbain voyant que les foudres spirituels n'avançoient pas beaucoup ses affaires , eut recours aux armes temporelles , & publia contre son Competiteur & ses adhérans , une croisade à laquelle il attacha toutes les indulgences imaginables. Les Anglois s'empressèrent à 'es gagner ; rien ne leur paroissoit si méritoire que de marcher à

une guerre qui menaçoit principalement la France où l'on reconnoiſſoit
Clément pour le véritable ſucceſſeur
de S. Pierre. Les croiſez débarquerent à Calais ; ils avoient pour Général Henri Spencer , Evêque de
Norwich ; ce Gendarme mitré , dit
un Hiſtorien , ſoit qu'il trouvât notre
frontiere trop bien gardée , ſoit que
les Gantois l'euſſent engagé dans
leurs intérêts , marcha contre le
Comte de Flandres qui reconnoiſſoit Urbain , mais qui étoit vaſſal
de la France où l'on tenoit pour
Clément ; il prit Gravelines , Bourbourg , Mardick , Dunquerque ,
Caſſel , Nieuport , Furnes & Oſten-
de ; mais à l'approche du Connétable
de Cliſſon & de notre armée, le
crédit des bénédictions d'Urbain ,
tomba ; Spencer leva le ſiége d'Ipres
& abandonna toutes ſes conquêtes ,

F vj

excepté Bergues , Gravelines & Bourbourg ; ses troupes qu'il avoit distribuées dans ces trois places, s'enfuirent des deux premieres, dès que nous en approchâmes ; on forma le siége de Bourbourg où elles s'étoient toutes retirées , & aucun Anglois n'auroit échapé si le Duc de Bretagne qui étoit à notre armée, n'avoit pas intercedé pour ses anciens amis ; on leur permit de se retirer à Calais.

Le Comte de Flandres mourut le 23 Janvier 1384 ; le Duc de Bourgogne qui avoit épousé sa fille & son unique héritiere , en unissant cette riche succession aux autres grands fiefs de la couronne que le Roi Jean son pere lui avoit donnés, forma cette excessive puissance qui fut dans la suite si funeste à l'Etat ; la malheureuse politique de ce Prince

& du Duc de Bretagne fut toujours que pour obliger la France à les ménager & à fermer les yeux sur leurs airs d'indépendance, il étoit nécessaire qu'elle les craignît, & qu'elle cesseroit de les craindre si les Anglois étoient entierement chassés du Royaume. Le lecteur ne verra désormais qu'un enchaînement de crimes & de trahisons.

On avoit fait les plus grands préparatifs au port de l'Ecluse; on y avoit assemblé près de neuf cent vaisseaux de transport; Charles VI, par le conseil du Connétable de Clisson & conduit par ce grand homme, alloit fondre en Angleterre; le moment étoit favorable; elle s'étoit dégarnie de ses meilleures troupes pour une expédition en Portugal; tout sembloit nous promettre une conquête aisée; l'Anglois que sa présomption naturelle abandonne toujours dès qu'on l'attaque fur fes foyers, défertoit déja fes villes maritimes , & loin de penfer à deffendre fes côtes , fuyoit avec fes richeffes au fond des forêts ; Richard II , dans cette confternation générale , fuivit le confeil du Duc de Suffolck ; il fit tenter l'avarice du Duc de Berri, & réuffit ; cet indigne Prince étoit chargé d'affembler une partie de notre armée & de l'amener en Flandres ; Charles VI eut beau lui envoyer couriers fur couriers pour le preffer ; il n'arriva qu'à la moitié de Septembre ; le vent qui avoit été des plus favorables pendant deux mois , commençoit à changer ; la Mer devint orageufe , & la plûpart de nos vaiffeaux , fracaffés par une tempête de deux jours & de deux nuits , furent hors d'état de fervir.

On fit de nouveaux préparatifs pendant l'hiver ; Cliffon ne ceffoit point de repréfenter dans le confeil qu'il y avoit beaucoup de troubles & de divifions en Angleterre , & qu'il falloit en profiter ; il fe rendit à Treguyer vers la fin de Juin ; il y preffoit l'armement ; Richard II , pour détourner ce nouvel orage , eut recours au Duc de Bretagne ; il ne pouvoit pas mieux s'adreffer ; le Duc qui croyoit avoir des fujets tout recens de fe plaindre de Cliffon, imagina qu'il pourroit fervir les Anglois , & paroître n'avoir voulu que fe vanger d'un homme qui né fon fujet , fembloit affecter de le braver en toute occafion ; il lui en-voya faire compliment fur fon arrivée, en Bretagne ; il l'invita à venir aux Etats qu'il avoit convoqués à Vannes ; Cliffon s'y rendit , perfuadé que fa dignité de Connétable le mettoit à l'abri de toute infulte ; d'ailleurs il étoit, dit-on, amoureux de la Duchesse ; le Duc l'accabla de caresses, le consulta sur plusieurs affaires, & l'ayant un jour engagé à une promenade au Château de l'Hermine, le fit arrêter, & ordonna à Bavalan, Capitaine de ce Château, de le coudre dans un sac dès qu'il seroit nuit, & de le jetter à la mer ; Bavalan connoissoit son maître ; il compta sur ses remords ; en effet le Duc étoit le lendemain dans des sentimens bien différens de ceux de la veille, & lorsque Bavalan lui avoua que son ordre n'étoit point encore exécuté, il l'embrassa avec transport & l'assura qu'il n'oubliroit jamais le service qu'il lui avoit rendu en lui désobéissant ; cependant comme il prétendoit avoir des griefs contre Clisson, il déclara qu'il ne le relâcheroit qu'à certaines conditions , & qu'après qu'il lui auroit payé la somme de cent mille livres. Le Roi fut aussi irrité qu'il devoit l'être, de cet atentat sur le premier Officier de la Couronne ; mais sa jeunesse le tenoit encore dans la dépendance de ses Oncles ; ils haïssoient Clisson, & le Duc de Bretagne en fut quitte en promettant de rendre les cent mille livres, & en renonçant aux autres conditions qu'il avoit exigées de son prisonnier C'est ainsi que manqua ce second armement contre l'Angleterre ; Clisson étoit l'ame de cette expédition ; il en avoit médité & raisonné le projet ; il n'y avoit que lui qui put l'exécuter ; il avoit la confiance des troupes ; dès que le bruit de sa détention se répandit à Treguyer, elles déserterent.

Les Ducs de Berri & de Bourgogne continuoient de sacrifier l'Etat à leurs intérêts ; toute la France crioit contre eux ; Charles VI ayant atteint

fa vingtiéme année , leur déclara
qu'il vouloit déformais gouverner ;
par lui-même ; ils fe retirerent très
mécontens , l'un dans fon gouvernement de Languedoc, & l'autre dans
fes Etats de Flandres ; les nouveaux
Miniftres que le Roi fe choifit ,
avoient de la capacité & de bonnes intentions ; ils fuprimerent une partie
des impots ; ils réformerent plufieurs abus onéreux aux peuples, contraires à l'adminiftration de la Juftice
& des Finances, & très préjudiciables
au commerce ; on fe livroit à l'efpoir
d'un regne glorieux & fortuné ;
on fçavoit que Cliffon perfuadé de
la néceffité d'achever de chaffer entié-
rement les Anglois du Royaume,
n'atendoit que l'expiration d'une trêve
de trois ans qu'on leur avoit accor-
dée, pour aller les attaquer dans leur
Ifle, y faire fentir une partie des maux

qu'ils nous avoient faits , & les obliger d'accepter la paix aux conditions
qu'on voudroit leur impofer. La nuit
du 13 au 14 Juin 1392 , retour-
nant * à fon Hôtel peu accompagné ,
il fut attaqué , dans la rue Coulture
Ste Catherine , par Pierre de Craon
à la tête d'une vingtaine de fcélérats ;
ils crurent l'avoir tué , le voyant
tomber de cheval ; il n'étoit que
bleſſé & guerit. On fçut que Craon
s'étoit refugié en Bretagne ; le Duc
fommé de le livrer , répondit qu'il
avoit paſſé dans fes Etats , mais qu'il
n'y étoit plus. Sur cette réponfe , le
Roi réfolut de marcher en Bretagne ;
les Ducs de Berri & de Bourgogne
à qui il envoya ordre de venir le
joindre avec les troupes qu'ils devoient fournir , obéirent , mais en difant hautement que cette guerre
étoit très injufte. Le cinq d'Août ,

* A préfent l'Hôtel de Soubife.

l'armée partit du Mans & prit la route de Nantes ; on prétend qu'on remarquoit depuis trois ou quatre jours quelque égarement dans les yeux & dans l'esprit du Roi ; il faisoit très-chaud ; il fut frapé d'un coup de soleil qui lui tourna la tête & le rendit furieux ; il tira son épée & tua trois ou quatre personnes. Je veux croire que cet accident qui ne lui laissa pendant le reste d'une vie très-longue, que quelques foibles intervalles de raison, ne fut point l'effet d'un breuvage ; mais pourquoi ce grand homme noir, cette espéce de phantôme, qui quelques momens auparavant étoit sorti d'un buisson, & qui ayant saisi la bride de son cheval, lui avoit crié d'une voix effrayante, *arrête, Prince, tu es trahi, où vas tu ?* pourquoi cet homme ne fut il point arrêté ? pourquoi , depuis plus de quinze jours, le bruit couroit-il dans Paris que l'expédition contre la Bretagne seroit fatale ?

Il ne fut plus question de cette guerre ; les troupes furent congédiées ; on ramena le Roi à Paris ; les Ministres qu'il s'étoit choisi, furent chassés du conseil, & indignement persécutés par les Ducs de Berri & de Bourgogne qui s'emparerent de nouveau du gouvernement de l'Etat ; on ne pensa plus à profiter des troubles dont l'Angleterre étoit agitée ; on signa une trêve de vingt-huit ans avec Richard II ; il demanda la grace de Craon , & cet assassin revint à la Cour, tandis que Clisson en étoit banni, & se voyoit dépouillé de toutes ses charges.

En 1399, Henri (1) de Lancastre

______

(1) Il disoit que Richard étoit un batard né des amours de la Princesse de Galles & d'un Chanoine de Bordeaux.

déthrôna Richard II , & le fit enfuite affommer à coup de maffue
dans la Tour de Pontfract. Richard
avoit époufé la fille aînée de Charles VI ; il fembloit donc que la
France ne pouvoit pas honnêtement
reconnoître le meurtrier de ce Prince
pour fon fucceffeur ; mais le Duc de
Bourgogne dominoit dans le confeil ; fon avis l'emporta ; Henri fut
reconnu , & la trêve entre les deux
couronnes fut renouvellée , malgré
tout ce que put dire le Duc d'Orleans ; il avoit toujours refufé de voir
les Ambaffadeurs de Henri ; il continua de le traiter d'Ufurpateur , & lui
envoya même un défi très-injurieux ;
Charles VI , quand il revenoit en
fanté , aprouvoit la conduite de fon
frere , adoptoit fes fentimens , ordonnoit d'envoyer des fecours aux
mécontens d'Angleterre & de faire

marcher des troupes en Guyenne ; on y prit plusieurs forteresses aux Anglois, & il n'est pas douteux que si le Duc de Bourgogne l'eut voulu, on auroit aisément achevé de leur enlever le peu de Places & de Châteaux qui leur restoient encore dans le Royaume.

Nous touchons à ces temps d'horreurs où il n'y eut plus ni patrie, ni Roi, ni nation. Le Duc de Bourgogne mourut le 27 d'Avril 1404 ; Jean dit *sans peur*, son fils aîné, après avoir pris possession du Duché & du Comté de Bourgogne, de l'Artois & de la Flandres, vint à la Cour pour y exciter des troubles & s'emparer du gouvernement. Ce n'avoit été déja qu'avec beaucoup d'impatience & de chagrin que le Duc d'Orleans s'étoit vû obligé de le ceder si longtemps à l'âge & à l'experience

du pere ; il fut donc très-indign⸗ des
cabales & des prétentions du fils.
Ce furent chaque jour des contestations, des raccommodemens, des
ruptures & de nouveaux sujets de
haine & de jalousie entre ces deux
Princes ; le Duc * de Bourgogne,
né scelerat, caressoit au fond de son
cœur toutes les passions cruelles ; il
étoit de la nature de son ame de produire des crimes, comme une plante
venimeuse produit le poison ; le 23
de Novembre 1407, entre les sept
& huit heures du soir, il fit assassiner
le Duc (1) d'Orleans dans la Vieille
rue du Temple ; le lendemain il assista à ses funérailles, le plaignit &
le pleura ; mais voyant qu'on alloit

* Voyez p. 282 du premier Volume.

(1) Il étoit frere unique du Roi ; il laissa
trois fils ; l'ainé n'avoit que quatorze ans ; ils
continuerent de ne porter que des habits lugubres, pendant plusieurs années.

faire

faire des perquifitions très exactes, même chez les Princes du Sang, & qu'on trouveroit les affaffins à fon * Hôtel d'Artois, il fortit brufquement de Paris & s'enfuit avec eux en Flandres. Il revint enfuite avec mille hommes d'armes, & loin de marquer du repentir de fon crime, il demanda fierement à être entendu, & dans une audiance qu'on fut obligé de lui accorder, un Cordelier, fon orateur, nommé Jean Petit, foutint en préfence du Dauphin qui préfidoit, que le Duc d'Orléans, par diverfes actions, s'étoit montré un impie & un tiran; qu'il étoit permis de tuer les tirans, & que par conféquent on n'avoit fait, en le tuant, qu'une action jufte, & légitime, utile & néceffaire à l'Etat.

La révolte des Liégois contre leur Evêque, obligea le Duc de Bour-

* Rues Mauconfeil & Comteffe d'Artois.

gogne de retourner en Flandres ;
la Reine qui craignoit tout de sa part
& qui s'étoit retirée à Melun, revint
à Paris ; la Duchesse d'Orléans à
qui elle écrivit, ne tarda pas à s'y
rendre, accompagnée de ses enfans ;
elle se jetta aux pieds du Roi & lui
demanda justice de la mort de son
mari & des affreuses calomnies dont
on avoit tâché de flétrir sa mémoire,
après l'avoir assassiné. Sa plainte fut
reçûe ; les lettres d'abolition que le
Duc de Bourgogne avoit obtenues,
furent annullées ; il fut déclaré traître,
assassin, calomniateur & ennemi de
l'Etat. Tandis qu'on lui faisoit son
procès à la Cour, la fortune le favorisoit en Flandres ; on apprit bientôt
qu'il avoit remporté une victoire
complette sur les Liégois, & qu'il
s'aprochoit de Paris ; la Reine qui
ne s'y crut pas en sureté, emmena

le Roi à Tours. La Duchesse d'Orléans étoit d'un caractere vif, paf-
fionné ; elle avoit aimé tendrement
fon mari ; lorfqu'elle vit que fon
affaffin alloit triompher , & que la
Cour étoit obligée de négocier avec
lui, elle fuccomba à fa douleur & à
fon défefpoir. Sa mort & la jeuneffe
de fes enfans , faciliterent la négociation & les aparences d'un accom-
modement entre les deux maifons ;
le Duc de Bourgogne promit de
congédier fes troupes ; il eut un
faufconduit pour fe rendre à Chartres ; il y demanda pardon au Roi ,
& s'adreffant enfuite au jeune Duc
d'Orléans & à fes freres, il les pria
de vouloir bien auffi lui pardonner ;
on arrêta le mariage d'une de fes filles
avec un de ces Princes, & le Roi
leur ordonna & leur fit jurer une entiere reconciliation. Pouvoit-elle être

fincere ! D'ailleurs un méchant homme croit fouvent qu'en affectant de la
fierté, il en impofera fur fon crime;
le Duc de Bourgogne parut plus
que jamais fuperbe & hautain; la maifon d'Orléans le remarquoit avec in-
dignation; les autres Princes n'étoient
pas moins choqués de le voir s'emparer de toute l'autorité; la jaloufie
du gouvernement & fes manieres im-
périeufes les réunirent prefque tous
contre lui; le Royaume fe vit en
proye à tous les maux qu'entraîne
une guerre civile; les François di-
vifés fous les noms d'Orléannois & des
Bourguignons, & fe dévouant à fervir les fureurs de l'une & de l'autre maifon, firent regorger de leur
fang la Capitale & les Provinces; le
Roi dont l'efprit s'affoibliffoit tous
les jours par les fréquens accès de fa
maladie, n'étoit qu'un vain phantôme

que les deux factions s'arrachoient
tour à tour.

Il n'y eut pas moins de troubles
en Angleterre qu'en France, pendant le regne de Henri IV, le meurtrier de Richard II ; il mourut le
20 de Mars 1413. C'étoit à Henri
V, son fils, qu'il étoit réservé de
profiter de nos dissentions & de la perfidie la plus noire & la plus lâche.
La populace de Paris s'étant encore
soulevée, porta l'insolence jusqu'à
faire des insultes au Roi & au Dauphin ; le Duc de Bourgogne, toujours le mobile des emportemens &
des massacres de cette canaille, fut
déclaré ennemi de l'Etat ; le Roi
qui se portoit un peu mieux, alla
prendre l'Oriflamme à S. Denis &
voulut commander lui-même son armée ; le Duc de Bourgogne vivement
poursuivi, fut contraint de s'humi-

lier ; on lui pardonna à certaines
conditions ; entr'autres , qu'il n'a-
procheroit point de Paris & de la
Cour à moins d'y être apellé par des
lettres du Roi , scellées du grand
sceau & données de l'avis du Conseil. Cette clause qui l'éloignoit du
gouvernement de l'Etat , remplit son
cœur de rage ; il voyoit sa faction
abaissée & celle des * Orléannois
triompher ; il négocia avec l'Anglois
& mit le comble à toutes les horreurs de sa vie par un traité dans
lequel il expose :

Que jusqu'alors , faute de bonnes
informations , il avoit méconnu &
ignoré les véritables droits du Roi
d'Angleterre , & de ses heritiers , à
la Couronne de France ; qu'en ayant
pris connoissance , il les reconnoît
justes & légitimes ; qu'il promet &
s'engage en conséquence de faire

* On les
apelloit
aussi Ar-
magnacs.

Acta pu-
blica. T. 4
pars 2. p.
177.

une guerre mortelle à Charles VI &
au Dauphin, & se soumet à faire hommage-lige au dit Roi d'Angleterre
dès qu'il sera en possession d'une no-
table partie du Royaume de France;
reconnoissant que quoique cet hommage soit dû dès-à présent, il a été
differé pour le plus grand avantage
de l'un & de l'autre.

Que par toutes les voies secretes
qu'il sçaura, ou qui lui seront indiquées, il fera ensorte que ledit Roi
d'Angleterre soit mis en possession
réelle & paisible dudit Royaume de
France.

Que pendant que ledit Roi d'Angleterre sera occupé à poursuivre ses
droits, lui Duc de Bourgogne fera
la guerre, avec toutes ses forces, aux
ennemis que ledit Roi d'Angleterre
a dans le Royaume de France, c'est-
à sçavoir à A. B. C. D. & à tous leurs

païs & partifans défobéiffans audit Roi d'Angleterre.

Que dans des traités d'alliance, lettres patentes, ou autrement, s'il paroît toujours tenir pour Charles VI foi-difant Roi de France, & pour le Dauphin, ce ne fera que par diffimulation, pour un plus grand bien, & pour faire mieux réuffir le projet formé entre ledit Roi d'Angleterre & lui Duc de Bourgogne.

C'eft ainfi qu'un Prince du Sang, petit fils du Roi Jean, & premier Pair du Royaume, fe lioit avec les ennemis naturels de fa patrie, pour arracher le fceptre de fa maifon & le faire paffer dans celle d'un ufurpateur, d'un étranger, à qui même la couronne d'Angleterre (1) n'aparte-

____

(1) Au deffaut de Richard II , la couronne d'Angleterre apartenoit à Edmond

noit pas. On peut en même temps
juger de la façon dont notre histoire
de France est faite ; ce Traité dont
les suites nous furent si funestes, a
été ignoré de tous nos historiens,
excepté du P. Daniel, qui même *T.6.p.318.*
n'en parle qu'en passant, & si lege-
rement qu'on diroit qu'il ne l'a pas
lû en entier ; je ne conçois pas pourquoi il n'en a pas profité pour l'é-
claircissement de plusieurs faits pendant le reste du regne de Charles VI.
Il faut encore remarquer que ce
Traité ne fut que renouvellé & con-
firmé à Calais au mois d'Octobre
1416, & qu'il avoit été conclu dès

Mortimer, Comte de la Marche, fils de
ce Roger qui avoit été déclaré héritier pré-
somptif de Richard II, & qui descendoit
de Lionnel de Clarence, second fils d'E-
douard III ; au lieu que Henri de Lancaftre, pere de Henri V, étoit fils d'un cadet
de Lionnel.

G v

l'année 1414 ; on en trouve differentes preuves dans le recueil des
actes publics d'Angleterre, entr'autres une procuration (de cette année 1414) par laquelle on voit que le
Duc de Bourgogne s'étoit reconnu
vassal-lige de Henri V, & devoit lui
faire hommage en cette qualité. On
peut à ces preuves en ajouter encore
une autre ; c'est que Henri V, en
1413, avoit envoyé une ambassade à
Paris pour demander simplement le
renouvellement de la treve de vingt-
huit ans entre les deux couronnes ;
mais qu'en 1414, fier de l'alliance
qu'il venoit de faire secretement avec
le Duc de Bourgogne, il envoya de
nouveaux ambassadeurs qui parlerent
d'un ton bien different ; ils demanderent d'abord tout le Royaume,
en vertu du droit que leur maître y
avoit, disoient-ils, comme héritier

d'Edouard III ; ils voulurent bien enfuite réduire leurs demandes à l'exécution du Traité de Bretigni, c'eſt-à-dire à la ceſſion qu'on leur feroit de près de la moitié de la France.

Ces propoſitions ne pouvoient être qu'un déclaration de guerre ; Henri faiſoit tous ſes préparatifs, & diſoit aſſez publiquement *qu'il n'au-* *roit affaire qu'à la moitié des François,* *& que même l'autre moitié feroit di-* *verſion en ſa faveur.* Le 21 Août 1415, il deſcendit en Normandie, à trois lieues d'Harfleur, à la tête de cinquante mille hommes ; le lendemain il aſſiégea cette place. Sept ou huit Seigneurs du pays qui s'y étoient jettés avec quatre cent hommes d'armes, la défendirent vigoureuſement juſqu'au 28 de Septembre ; ils eſperoient toujours d'être

Ibid. p. 90.

G vj

secourus, & ne capitulerent qu'à la derniere extrémité.

Ce siége avoit couté beaucoup de monde aux Anglois ; d'ailleurs la diffenterie s'étoit mife dans leur camp ; ils manquoient de vivres, & la faifon devenoit très-incommode par les pluyes continuelles ; Henri ne penfoit plus qu'à faire repaffer la Mer à fes troupes, lorfqu'il s'éleva, le cinq d'Octobre, une tempête fi furieufe, que tous fes vaiffeaux de tranfport, après s'être fracaffés les uns contre les autres, furent écartés, difperfés, ou acheverent de fe brifer fur nos côtes. Il efpera qu'en faifant des marches forcées, il arriveroit à Calais avant que nous puffions nous oppofer à fa retraite. Il traverfa le pays de Caux, le Comté d'Eu, le Vimeu ; remonta la Somme, fit plufieurs détours & la paſſa au-deſſus de S. Quentin, ſans obſtacle, par la trahiſon ou la négligence de ceux qui commandoient les milices de ce canton. Il croyoit ou feignoit de croire que déſormais il ne ſeroit pas coupé dans ſa marche, lorſqu'il découvrit notre armée entre Ruiſſeauville & Azincourt. Il ne pouvoit plus éviter le combat; il ſe campa au village de Maiſoncelles, d'où il envoya offrir de rendre Harfleur & de payer tout le dommage qu'il avoit fait en France depuis ſa deſcente, pourvu qu'on lui laiſſât le paſſage libre juſqu'à Calais; on rejetta ſes offres. Ses troupes étoient fatiguées, haraſſées; les nôtres étoient en bon état & trois fois plus nombreuſes; mais rien ne peut ſuppléer au manque de confiance du ſoldat dans le Général; c'eſt le préſage le plus funeſte, ſur-

tout un jour de bataille ; le Connétable
Charles d'Albret n'étoit ni aimé ni
estimé ; on lui reprochoit toute l'in-
capacité présomptueuse d'un homme
élevé par la faveur. Il avoit négligé,
deux jours auparavant , de faire occuper un * défilé que trois cent
hommes pouvoient garder contre
cinquante mille ; les Anglois auroient été obligés de se rendre à
discretion ; il vouloit aparemment se
signaler par le gain d'une bataille ;
il fit précisément tout ce qu'il falloit pour la perdre ; s'il avoit con-
sulté l'ennemi pour prendre un camp ,
il ne l'auroit pas choisi plus mauvais ; au lieu de se tenir dans un
terrein large , ouvert , étendu , il se
posta entre deux bois , dans une prai-
rie si étroite , qu'il s'ota d'abord
tout l'avantage que pouvoit lui donner la superiorité du nombre ; l'or-

*Entre le Ternois & la Canche.

Bataille d'Azin-court.

donnance de fon armée & fes autres difpofitions ne furent pas moins pi- toyables ; d'ailleurs toute la haute nobleffe voulut être, avec les Prin- ces, à l'avantgarde ; elle n'y étoit pas rangée, mais en foule, & fi preffée qu'apeine y pouvoit-on dé- ployer le bras. Elle combattit avec beaucoup de valeur, mais toujours avec tant de défordre & de confu- fion, que c'étoit affronter la mort fans marcher à la victoire. Nous perdimes cinq Princes du Sang, un très grand nombre de Seigneurs, fix mille hommes d'armes * ou gentils- hommes, & dix-huit cent foldats ; les parens & les amis du Connétable d'Albret eurent la trifte confolation d'aprendre qu'il étoit au nombre des morts. Je n'entrerai point dans d'autres détails fur cette fatale jour- née ; on les trouve dans tous les

* Les hom- mes d'ar- mes étoient prefque tous Gen- tilshom- mes.

Historiens ; je ferai seulement une observation : nos troupes étoient dans une entiere déroute ; quelques unes semblerent s'arrêter & vouloir se rallier ; Henri craignant, si l'action recommençoit , que les prisonniers qu'il avoit faits , n'embaraffaffent fes foldats & ne vouluffent s'échaper, commanda un Officier , avec deux cent archers , pour aller de rang en rang les égorger ; le Duc de Brabant & le Comte de Nevers, freres du (1) Duc de Bourgogne, furent du nombre de ces malheureufes victimes. Bertrand DuGuefclin, à la bataille de Cocherel , s'étoit trouvé dans la même circonftance

---

(1) Il ne se foucioit gueres de fes freres, mais par diffimulation & pour cacher fon Traité avec Henri , il lui envoya demander raifon de leur mort ; il s'apaifa très aifément.

que le Monarque Anglois ; il achevoit de battre & de pourfuivre les ennemis, lorfqu'on vint lui dire qu'on voyoit paroître un fecours qui leur arrivoit ; il ordonna de défarmer les prifonniers ; il ne les fit pas égorger.

Henri, avec fon armée victorieufe, mais réduite de cinquante mille hommes à dix-fept ou dix-huit mille, gagna Calais d'où il repaffa en Angleterre. *Sa victoire* , dit Rapin de T. 4. p. 1122 Toiras , *ne lui avoit pas acquis un pouce de terre* , & la prife d'Harfleur, fon unique conquête, étoit un bien foible dédommagement des fommes immenfes que fon armement lui avoit coutées ; on verra dans la fuite qu'épuifé d'argent & de foldats, il fut contraint de demeurer dans l'inaction pendant près de deux ans.

Quand la confternation , toujours extrême parmi nous dans les premiers momens, fut un peu diſſipée, on conſidera que la playe qu'on avoit reçue, avoit été très ſanglante, mais qu'elle n'étoit pas dangereuſe ; que les deux tiers de notre armée n'avoient pas combattu ; qu'il nous arrivoit de nouvelles troupes de tous côtés ; qu'on retrouvoit le Fráncois dès qu'il avoit un chef, & qu'enfin, loin d'être réduits à nous tenir ſur la defenſive, nous étions très en état d'attaquer ; on reſolut de reprendre Harfleur ; les munitions y manquoient ; les fortifications n'en étoient pas encore entierement reparées, & la ſaiſon (c'étoit à la fin de Novembre) ne permettoit pas aux Anglois de tenir la Mer ; mais on éprouva que Henri lorſqu'il avoit dit *que la moitié des François feroit diverſion en ſa faveur*, n'en étoit malheureuſement que trop ſûr. On aprit que le

Duc de Bourgogne avançoit vers Paris avec une armée nombreuſe, & l'on fut donc obligé, au lieu de marcher à Harfleur, de garnir les poſtes les plus importans ſur la Seine & ſur l'Oiſe. Il envoya des Deputés qui dirent de ſa part qu'il ne venoit que pour ſaluer le Roi & le ſuplier de vouloir bien ne le pas tenir éloigné de ſa perſonne & de ſes conſeils, dans des conjonctures ſi facheuſes pour l'Etat. Le Dauphin leur répondit qu'il pouvoit venir, pourvu qu'il congédiat ſes troupes & qu'il ſe préſentât comme devoit ſe préſenter un vaſſal obéiſſant & ſoumis. Le perfide qui s'atendoit à cette réponſe, continuoit ſa marche & ſe campa à Lagni ; il eſperoit que la faction puiſſante qu'il avoit dans Paris, lui en feroit ouvrir les portes ; mais on prit de ſi bonnes meſures,

qu'aucun de ses partisans n'osa le déclarer. Il envoya de nouveaux Députés ; le Dauphin fut attaqué d'un mal
si prompt & si violent, qu'il mourut
en six jours, le 18 de Décembre
1415 : on les soupçonna de l'avoir
empoisonné.

A ce Dauphin Louis, succedoit
le Prince Jean son frere, âgé de
dix sept ans ; il étoit à Valenciennes
auprès du Comte de Hainaut dont il
avoit épousé la fille. Le Roi & la
Reine eurent beau lui écrire & le
presser de venir prendre auprès d'eux
le rang que lui donnoit sa naissance ;
il differoit toujours, prétextant des
défiances, des craintes, & alleguant
pour excuses les deux factions qui
déchiroient l'Etat ; enfin, au bout
de près de quinze mois, il vint jusqu'à Compiegne ; le Comte de Hainaut qui le gouvernoit, se rendit à

Paris , & déclara hautement , en plein conseil , que le Dauphin étoit son gendre & son héritier , qu'il ne l'ameneroit point à la Cour & qu'il alloit au contraire le remener à Valenciennes , si le Roi ne vouloit pas rendre son amitié & sa confiance au Duc de Bourgogne & l'admettre auprès de sa personne. Sur ce discours ; on auroit dû arrêter sur le champ le Comte de Hainaut ; on delibera ; il en fut averti , se déguisa , sortit de Paris & gagna Compiegne ; il y trouva le Dauphin expirant d'une apostume qui lui avoit crevé dans la gorge & qui l'étouffa le trois d'Avril 1417. Le bruit courut que la Reine avoit envoyé à ce jeune Prince une chaîne d'or ; qu'apeine l'avoit-il touchée, qu'il s'étoit trouvé mal & que la peau des mains lui avoit pelé. D'autres dirent que le Roi de Sicile l'avoit empoisonné pour aprocher de la couronne le Comte de Ponthieu, son gendre, qui devenoit Dauphin par cette mort & qui fut Charles VII.

Le lecteur voudra bien preter toute son attention aux faits & aux dates que je vais raporter ; il verra l'ignorance, la négligence & le manque de reflexion de tous nos histo-riens, sans en excepter aucun.

Journ sous Charles VI. pag. 29. Le Dauphin Louis mourut le 18 Décembre 1415.

Monstrelet. T. 1. chap. 155. Le 19 d'Avril 1416, on découvrit une conspiration tramée dans Paris par le Duc de Bourgogne, & dont le projet étoit de tuer le Roi, la Reine, le Duc de Berri, le Roi & la Reine de Sicile, Tangui du Chatel, le Chancelier de Marle & plusieurs autres personnes ; les principaux complices confesserent cet execrable complot dans les tourmens & à la mort.

Au mois d'Octobre de cette même année 1416, le Duc de Bourgogne se rendit à Calais où il renouvella cet infâme Traité dont j'ai donné l'extrait ci-dessus, page 150, & dans lequel il reconnoît le Roi d'Angleterre pour légitime Roi de France, promettant « que par toutes les voies secretes « qu'il sçaura, ou qui lui seront in- « diquées, il fera ensorte de le met- « tre en possession dudit Royaume ; « ajoutant que s'il paroit toujours te- « nir pour Charles VI soi disant Roi « de France, & pour le Dauphin, ce « ne sera que par dissimulation & pour « faire mieux réussir le projet formé « entre ledit Roi d'Angleterre & lui « Duc de Bourgogne.

Acta publica. T. 4. pars 2. pag. 177.

De Calais il alla (1) trouver le

____

(1) Ce fut le douze de Novembre 1416, & non pas au commencement de cette année, comme le dit Rapin de Toiras. Cet historien affecte de déplacer ces faits ; il met

T. 4 p. 118.

Monstrelet.
chap. 161. Dauphin Jean à Valenciennes, le

la mort du Dauphin Jean avant le Traité de Calais, & pour jetter de l'obscurité sur les dates, il releve une prétendue faute de Mezeray : *le Dauphin Jean*, dit-il, *mourut à Compiegne le 16 d Avril 1416, & non pas en 1417 comme le marque Mezeray.* On sçait que l'année commen oit alors à Pâques ; le Prince Jean, après avoir été Dauphin quinze mois & demi, mourut le trois d'Avril à la fin de l'année 1416, & parconséquent en 1417, en comptant l'année du premier de Janvier. Je le répete ; le Duc de Bourgogne signa son Traité avec Henri au mois d'Octobre 1416 ; il alla voir le Dauphin Jean à Valenciennes au mois de Novembre suivant, & le Dauphin Jean mourut quatre mois & demi après cette entrevue. Cette remarque est importante parce qu'elle fait encore mieux connoitre toute la perfidie du Duc de Bourgogne, & qu'elle est en même temps un indice certain que dans la suite, lorsqu'il traita avec le Dauphin * Charles, il n'étoit pas de meilleure foi qu'avec le Dauphin Jean. Si nos Historiens avoient fait cette observation, ils auroient autrement vû & autrement raconté le reste des évenemens du regne de Charles VI. *Voyez sur ces dates Monstrelet. T. 1. chap. 161. Le Journal de Paris sous les regnes de Charles VI. & Charles VII. p. 31.*

Ib. p. 119.

* Charles VII.

caressa

careſſa beaucoup & lui jura qu'il n'avoit rien tant à cœur que de s'op-poſer aux efforts des Anglois, & qu'en fidele vaſſal, il l'aideroit con-tre eux de toutes ſes forces ; enſuite il engagea le Comte de Hainaut à lui promettre qu'il feroit tout ſon poſſible pour le faire rentrer dans les bonnes graces & dans la confiance du Roi & de la Reine, & que juſ-qu'à ce qu'il l'eut obtenu, il refuſe-roit de leur remettre le Dauphin.

Ce jeune Prince mourut, comme j'ai dit, le trois d'Avril ; Charles ſon frere, âgé de quinze ans & le ſeul qui reſtoit de ſix fils qu'avoit eu Charles VI, ſe trouva le pré-ſomptif héritier de la couronne. Il perdit * preſqu'auſſitôt ſon beau-pere, Louis d'Anjou Roi de Sicile, dont il étoit tendrement aimé, &

* Le 19 d'Avril.

qui lui repeta plusieurs fois dans ses derniers momens & l'arrosant de ses larmes, de ne se jamais fier au Duc de Bourgogne.

Ce méchant homme ne tarda pas à faire courir un manifeste où il exposoit que l'administration des affaires étoit entre les mains de pillars & de gens sans foi & sans honneur ; qu'ils avoient empoisonné les deux derniers Dauphins ; qu'ils oprimoient la liberté de la Noblesse, & chargoient chaque jour le peuple de nouvelles taxes ; qu'il exhortoit donc tous les bons François à s'unir à lui pour remédier aux maux de la France & pour tirer le Roi, la Reine & le Dauphin de l'indigne captivité où les tenoient de dangereux Ministres ; il finissoit par promettre d'abolir tous les impôts & de se servir, pour repousser les Anglois, des forces & des

moyens que lui fourniroient (1) ſes
Etats. Il ajoutoit dans un autre ma-
nifeſte, en réponſe aux reproches &
aux défenſes que le Roi lui avoit
fait faire, que ces reproches & ces
défenſes ne venoient point du Roi :
il connoit, diſoit-il, la pureté de
mes intentions ; je me flatte d'en
être aimé & qu'il ne doute pas de
tout mon attachement ; c'eſt mon
Seigneur, c'eſt le chef de ma mai-
ſon & de ma puiſſance ; je lui dois
tout ; je ſuis armé pour lui & pour
la patrie ; dès que j'aurai chaſſé d'auprès de ſa perſonne les traîtres qui
l'obſedent, j'irai combattre les Anglois ; je confondrai l'impoſture ; on
verra ſi je me ſuis allié avec eux,

______

(1) Les actes publics d'Angleterre (T 4.
pars 2. *p.* 119. *pars* 3. *p.* 6. *p.* 11 *p.* 29 *&c.*)
fourniſſent de nouvelles preuves de toute ſa
mauvaiſe foi.

H ij

comme d'infames calomniateurs ofent m'en accufer. Il partit d'Hefdin à la tête de foixante mille hommes ; la plupart des villes de Picardie & de Champagne lui ouvrirent leurs portes ; il aboliffoit les impôts dans tous les lieux où il paffoit, & le peuple, toujours peuple, fe laiffant prendre à cet appas auffi frivole qu'ufé, combloit de bénédictions un perfide qui n'avoit pour objet que de faire une diverfion en faveur de l'Anglois ; Henri venoit de defcendre à la Touques en Normandie, après avoir demeuré près de deux ans dans l'inaction ; fa premiere campagne, comme je l'ai dit, l'avoit épuifé d'argent & de foldats ; Rapin de Toiras raporte que le fubfide qu'il obtint de fon Parlement pour continuer la guerre, n'étant pas proportionné à fes befoins & à fes projets,

il mit en gage ses joyaux , les joyaux
de sa couronne & sa couronne.

Il sembloit que le ciel ne pouvant
détruire les François que par eux-
mêmes , se plaisoit à choisir ses fléaux
dans la famille Royale. On avoit fait
un fond pour le payement des troupes;
la Reine (Isabeau de Baviere) impe-
rieuse , avare , vindicative & galante ,
voulut s'en emparer sous prétexte de
l'entretien de sa maison & des pensions
qui lui étoient dues ; le Connétable
d'Armagnac s'y opposa ; elle le menaça ; il la connoissoit & résolut de
la prévenir ; c'étoit certainement un
grand homme ; le moyen qu'il em-
ploya étoit indigne ; aparamment
qu'à la Cour on s'éleve quelquefois
au-dessus des idées communes sur
la honte & la bassesse des moyens; il
instruisit le Roi de ces choses qu'on
laisse ignorer à un mari ; Louis de

Bourdon, homme aimable, téméraire & fort à la mode chez la Reine, fut arrêté, mis à la question, ensuite cousu dans un sac & jetté dans la Seine; cette Princesse fut relegué à Tours, & le Dauphin, par l'avis du Connétable, se saisit pour les besoins de l'Etat, des tréfors qu'elle avoit en differens endroits. Depuis l'assassinat du Duc (1) d'Orleans, elle ne pouvoit entendre prononcer le nom du Duc de Bourgogne sans frémir; cette horreur ceda au defir de se venger; quoique gardée à vue, elle trouva le moyen de lui écrire pour implorer son secours. Il tournoit depuis deux mois autour de Paris, s'éloignant, s'approchant & assiégeant les petites villes aux environs; sa fac-

Monstrelet. chap. 167.

---

(1) Les amours du beau-frere & de la belle-sœur n'avoient été que trop publics; on difoit même qu'elle en avoit eu un fils.

tion étoit si puissante dans cette capitale , que le Connétable d'Armagnac
& le Dauphin n'osoient s'en éloigner ;
ainsi il les tenoit dans (1) un échec qui
favorisoit les progrès des Anglois en
Normandie. On peut juger de la joie
que lui causa la lettre de la Reine ;
il vit d'un coup d'œil tout l'avantage
qu'il tireroit de son union avec elle,
& l'on aprit bientôt qu'à la tête de
quinze cent cavaliers choisis , il s'é-

(1) Du désordre que le Duc de Bourgogne causoit dans l'Etat , il arrivoit que les
autres grands vassaux séparoient leurs intérêts de ceux de la Monarchie ; la Reine *Acta pu-*
de Sicile , Duchesse du Maine & de l'An- *blica. T. 4.*
jou, fit une treve avec Henri pour ses terres, *pars 3. p.*
c'est-à-dire qu'elle s'engagea à ne point four- *23 & 24.*
nir son contingent à la France ; le Duc de
Bretagne en fit une pareille ; la Bourgogne,
la Champagne, la Picardie, l'Artois & la
Flandres étoient au pouvoir du Duc de
Bourgogne ; on peut juger dans quel embarras devoient être le Connétable & le Dauphin pour trouver de l'argent & des troupes.

H iv

toit rendu à Tours avec une viteſſe étonnante, & qu'ayant aiſément délivré cette Princeſſe, il la conduiſoit à Troyes. Elle y établit ſa Cour & prit le titre de Regente, en vertu de lettres patentes qu'elle ſupoſoit n'avoir pû être révoquées & par leſquelles le Roi, en 1403, l'avoit nommée pour gouverner l'Etat pendant ſa maladie; elle créa une Chambre Souveraine à Amiens, caſſant le Parlement de Paris, la Chambre des Comptes & les autres Tribunaux, & défendant expreſſément de reconnoitre aucun ordre du Roi & du Dauphin, atendu qu'ils n'étoient pas libres; ſes ordonnances étoient ſcellées d'un ſceau particulier qu'elle fit faire & où elle étoit repréſentée comme une femme dans la déſolation & qui tendoit les bras pour implorer du ſecours.

Quelques Evêques s'entremirent,
& tacherent de procurer la réunion
dans la famille Royale ; la prétendue
Regente & le Duc de Bourgogne
nommerent des Députés ; le Dauphin, au nom du Roi, en nomma de
son côté ; ces Députés s'affemblerent
plufieurs fois au village de la Tombe,
entre Montereau & Bray-fur Seine,
mais ne pouvant s'accorder fur les
principaux articles, ils convinrent de
s'en rapporter à la décifion de deux
Légats du S. Siége qui étoient venus offrir leur médiation ; ces deux
Légats affifterent donc aux confe-
rences, & drefferent enfuite un Traité
qui portoit que le Dauphin & le
Duc de Bourgogne gouverneroient
conjointement le Royaume. Le Connétable d'Armagnac & le Chancelier
de Marle détournerent hautement
le Roi & le Dauphin de ratifier ce

Traité ; ils étoient parfaitement in-
struits de celui que le Duc de Bourgogne avoit signé à Calais avec
Henri ; Pouvoient-ils cesser de représenter que sa vie n'étoit qu'un
tissu de laches & sourdes trahisons ou
de forfaits audacieux, & qu'en le lais-
sant revenir à la Cour & rentrer dans
les conseils, c'étoit exposer la personne du Dauphin & livrer l'Etat à
son plus dangereux ennemi ? cependant tous nos historiens, faute d'a-
voir connu le Traité de Calais, &
d'ailleurs ne reflechissant pas assez sur
le caractere du Duc de Bourgogne,
accusent ces deux Ministres de ne s'ê-
tre oposés à sa réconciliation avec le
Dauphin, que parce qu'ils étoient
persuadés que dès qu'il auroit repris
son ancienne autorité à la Cour, il
ne tarderoit pas à les oter de leurs
places & à les éloigner.

Le Connétable avoit envoyé prefque toutes fes troupes pour furpren-
dre Montlheri & Marcouffi ; avant
qu'elles puffent être revenues, la faction Bourguignone fit avertir Lifle-
Adam qui commandoit dans Pontoife
pour le Duc de Bourgogne , que
s'il vouloit s'approcher fecretement ,
elle efperoit de pouvoir l'introduire
dans Paris par la porte de Buci ; il s'y
préfenta avec huit cent hommes d'armes , la nuit du 28 au 29 de Mai ;   1418.
le fils d'un des quarteniers , Perrinet
le Clerc , lui livra cette porte ; il en
avoit derobé les clefs fous le chevet
du lit de fon pere. Une partie des
Conjurés fe répand à l'inftant dans
differens quartiers , criant , *leveȝ-vous
bonnes gens* , *la paix* , *vive le Roi &
Bourgogne*. La populace leur répond
auffitôt par de femblables cris , s'arme
de tout ce qu'elle peut trouver & fe

* Rue S. Antoine.

joint à eux. Ils vont à l'hôtel * S. Paul , enfoncent les portes, éveillent le Roi, l'obligent de s'habiller, de se mettre à leur tête & le promenent dans les rues pour faire croire qu'il aprouve l'entreprise. Tannegui du Chatel , aux premiers cris , tremblant pour les jours du Dauphin ,

* L'hôtel du petit Musc d'où la rue du petit Musc, près desCe-lestins , a pris son nom.

avoit couru à son * hôtel ; ce jeune Prince dormoit tranquillement ; il l'enveloppe d'un de ses draps, l'enleve de son lit & l'emporte à la Bastille ; le lendemain il le conduisit à Melun. Cette nuit & les jours suivans , on emprisonna un grand

** C'étoit le nom 'e la faction opofée à celle de Bourgogne.

nombre ** d'Armagnacs ; il y eut quelques maisons pillées , mais peu de sang répandu. Lisle-Adam envoya un courier au Duc de Bourgogne qui étoit alors à Dijon ; on peut très-hardiment présumer que la réponse qu'il en reçut, le 10 de Juin, par

deux hommes auſſi noirs & auſſi mé-
chans que Morvilliers & Montagu ,.
étoit d'exciter ſous main un maſſacre
général de tous ceux qui ne tenoient pas ſon parti ; car enfin· dans
le premier feu , dans les premiers momens de la ſédition & juſqu'alors , il
n'y avoit eu que cinq ou ſix perſonnes de tuées ; au lieu que tout à
coup , le 12 de Juin , le peuple ſe
livre à la rage la plus barbare ; le
pillage eſt un des moindres excès de
ſa fureur ; il aſſomme les femmes ,.
les enfans , les vieillards ; il enfonce
les portes de la Conciergerie , en·
arrache ceux qu'il y avoit enfer-
més ; la cour du Palais regorge du
ſang des plus notables bourgeois , de
ſix Evêques , du Connétable d'Armagnac , du Chancelier de Marle ,
de la plupart des Préſidens , · des
Conſeillers & dés Maîtres des Re-

Hiſt. de Paris pie-ces juſtifica-tives. T. 4. pag. 567.

quêtes. Ces furieux courent ensuite
aux autres prisons , & voyant qu'au
Châtelet les malheureuses victimes
qu'ils cherchent , se réfugient dans
les cachots, ils y mettent le feu &
les font dévorer par les flames ; ils
en précipitent d'autres du haut des
tours ; on les reçoit en bas sur la
pointe des piques & des épées ; les
corps du Connétable d'Armagnac &
du Chancelier de Marle , après avoir
été traînés dans les rues , sont jettés
à la voirie.

Le 14 de Juillet, la Reine & le
Duc de Bourgogne vinrent à Paris :
ils y firent , disent les Historiens, *une
entrée triomphante ; on jettoit des fleurs
sur eux & sur leur passage ; on n'entendoit de tous côtés qu'un cri général d'acclamation & d'allegresse ; la joie brilloit
sur tous les visages :* en effaçoit-elle ce
que la ferocité de l'ame imprime

ordinairement de finiftre fur le front des fcelerats ? quelles mains jettoient ces fleurs ? des mains teintes de fang ! quelles voix s'uniffoient pour former ce cri général d'acclamation & d'allegreffe ? ces mêmes voix qui quelques jours auparavant, au milieu du maffacre & du carnage, fembloient être celles des Furies !

Le ciel purgea Paris de fes infames habitans ; avant la fin de l'année, il en mourut plus de cent mille d'une maladie contagieufe, *prefque tous de la populace, & meurtriers*, dit Juvenal des Urfins. *Journ. de Paris. pag. 50.*

pag. 442.

Henri pourfuivoit fes conquêtes en Normandie ; elles étoient aifées, ou plutôt quelles conquêtes & qu'eft-ce que la gloire de ce prétendu héros quand on l'aprofondit ! fi un gentilhomme étoit en querelle avec un de fes voifins, & qu'un parent de ce gentilhomme allât dire à ce voisin : apellez mon parent en duel ; je feindrai d'être toujours de ses amis ; je l'engagerai à me prendre pour second, & tandis que vous l'attaquerez par devant, je lui donnerai cent coups d'épée par derriere : que penseroit-on de ce parent & de celui qui profiteroit de ses offres ? c'est le Traité de Calais ; c'est le personnage que faisoient le Duc de Bourgogne & ce Henri si renommé dans (1) l'histoire.

Le 26 d'Août 1418, il assiégea Rouen ; toutes ses attaques furent si vigoureusement repoussées que bien-tôt il n'espera plus de pouvoir se rendre maître de cette ville que par famine ; il la bloqua de tous côtés

---

(1) C'est surtout la plume des Moines qui l'erige en heros ; il fit bruler beaucoup de gens soupçonnés d'heresie.

& fit en même-temps planter des gi-
bets, de diſtance en diſtance, le long
de ſes lignes, & envoya déclarer à la
garniſon & aux habitans, que puiſqu'ils s'obſtinoient à lui réſiſter, il ſeroit déſormais pendre tous ceux qui
tomberoient entre ſes mains. Cette
menace indigne & féroce n'excita que
leur mépris & je doute que l'hiſtoire
Grecque & Romaine fourniſſe l'exemple d'un ſiege ſoutenu avec tant de
courage, de fermeté & de dévouement
à la patrie ; mais malheureuſement ils
s'étoient déclarés pour le Duc de
Bourgogne ; ils croyoient, comme
toutes les autres villes qui tenoient
ſon parti, qu'il n'avoit que de bonnes intentions, & loin de le ſoupçon-
ner de s'entendre avec l'Anglois, ils
ſe flatoient qu'il ſe féroit un honneur
particulier de les ſecourir. En effet il
ſembloit tous les jours s'y préparer ;

mais après bien des delais , il leur fit dire , au bout de quatre mois , que de nouvelles circonſtances l'obligeant de diviſer ſes forces , il ſe trouvoit abſolument hors d'état de tenir les promeſſes qu'il leur avoit faites juſqu'alors , & qu'il leur conſeilloit donc de capituler aux meilleures conditions qu'ils pourroient obtenir. Ce conſeil affligeant & les affreuſes extrémitez auxquelles ils étoient réduits, n'abatirent point encore leur courage : depuis deux mois, ils ne faiſoient du pain qu'avec la paille des lits & le cuir des vieux coffres ; ils ne ſe nourriſſoient que de la chair des chevaux , des chiens , des chats & même des animaux les plus immondes. Ils réſolurent de ſortir dix mille à l'improviſte , d'attaquer bruſquement les lignes de l'ennemi, de le forcer à les abandonner , ou de ſe

Rapin de Toiras. p. 134.

Monſtrelet. chap. 201.

aire tous tuer. Guy le Bouteiller c'étoit le nouveau Gouverneur que e Duc de Bourgogne leur avoit donné) fit avertir fecretement Henri *Journ. du fiege de Rouen en 1418.* & envoya la nuit, deux heures avant a fortie, fcier les traverfes & autres piéces de bois qui foutenoient le pont par où elle devoit fe faire ; ce pont étoit affez long ; dès qu'il fut chargé, on fentit qu'il s'ébranloit ; on fe pouffa, on fe preffa pour déboucher; il acheva de fe rompre par ce mouvement précipité ; le foffé étoit profond ; plufieurs fe tuerent ou s'eftropierent en tombant ; il y en eut un grand nombre d'étouffés. Ceux qui avoient paffé, trouverent l'ennemi qui les attendoit en bataille devant fes lignes ; ils lui vendirent fi cherement leurs vies qu'il y a toute apparence que s'ils avoient été feulement cinq ou fix mille, ils auroient délivré

leur ville. Enfin le 13 de Janvier, elle
envoya des Députés pour capituler ;
Henri leur fit dire par le Comte de
Warvick qu il n'étoit pas question de
capitulation & qu'il falloit qu'ils se
rendiffent à difcretion ; ils regarde-
rent froidement le Comte de Warvick fans lui répliquer & s'en retour-
nerent. Quelques heures après , Guy
le Bouteiller fit favoir à Henri que
la garnifon & les habitans travail-
loient à fapper quatre-vingt toifes de
leurs murailles , & qu'après avoir
mis le feu aux quatre coins de la
ville , ils étoient réfolus de fortir par
cette brêche , hommes , femmes , enfans , & de fe frayer un chemin à la
victoire ou à une mort honorable. La
crainte fit faire à l'Anglois ce que
l'eftime pour de fi braves gens auroit
dû lui infpirer ; il leur envoya dire
qu'il vouloit bien les recevoir à com-

position ; la capitulation fut que la garnison sortiroit sans armes : qu'il conserveroit à la ville tous ses privileges : qu'elle lui payeroit trois cent quarante-cinq mille écus d'or : que tous les habitans lui feroient serment de fidelité & qu'il pourroit en choisir trois dont il disposeroit à sa volonté ; car de même qu'un particulier, dans ces temps-là, pour signifier qu'il devenoit propriétaire d'un champ, y coupoit quatre ou cinq branches d'un arbre ; de même un Monarque Anglois, pour marquer qu'il venoit d'acquerir la souveraineté sur une ville, y faisoit pendre trois ou quatre bourgeois ; cet acte de prise de possession n'étoit pas en usage chez les autres nations. Robert de Layet, Jean Jourdain & Alain Blanchard s'étoient signalés par leur fermeté dans toutes les délibérations ;

ils n'avoient pas cessé d'exhorter &
d'animer leurs compatriotes à faire la
plus vigoureuse défense ; ce furent
aussi les trois victimes que choisit
Henri ; mais comme il n'étoit pas
moins avare que sanguinaire , il accorda la vie à Layet & à Jourdain
moyennant une somme considerable;
Blanchard fut décapité : *Je n'ai pas
de bien* , disoit ce brave homme en
allant à la mort , *mais quand j'en
aurois, je ne l'emploirois pas pour empêcher un Anglois de se deshonorer.*
Tous les Historiens raportent que
Henri , à son entrée dans Rouen ,
étoit precedé d'un page superbe-
ment monté & qui portoit au bout
d'une lance une grande queue de
Renard , aparemment à l'honneur de
Guy le Bouteiller ; cela paroitroit
incroyable, s'il n'étoit pas certain que
ce Prince combla publiquement ce

traître de caresses & qu'il le nomma Lieutenant de la Haute Normandie sous le Duc de Gloceftre.

Pendant le siege de Rouen, le Dauphin avoit envoyé des Ambafsadeurs à Henri pour traiter de la paix ; on nomma de part & d'autre des Plenipotentiaires ; ils s'affemblerent d'abord à Alençon & enfuite à Louviers ; mais Henri par les demandes qu'il faifoit, étoit bien sûr que ces conférences n'aboutiroient à rien ; les Actes publics d'Angleterre prouvent que ce congrès n'étoit qu'un jeu de fa part : jeu néceffaire & important pour faire croire que puifqu'il entroit en négociation avec le Dauphin & qu'il lui offroit même de s'unir avec lui contre le Duc de Bourgogne, par conféquent le Traité de Calais & cette fuite de trahifons qu'on imputoit au Duc de Bourgogne,

Rapin de Toiras. pag. 135.

n'étoient que des chimeres & des calomnies.

A ces conférences il en succeda d'autres qui sembloient changer la scene ; mais le fond , sous une forme differente , étoit toujours le même ; la Reine & le Duc de Bourgogne firent demander une entrevue à Henri pour traiter des conditions de la paix & de son mariage avec Madame* Catherine de France ; on choisit le parc de Meulant pour cette entrevue ; elle se fit le 29 de Mai 1419 ; les conférences commencerent le lendemain & continuerent pendant plus de trois semaines ; Henri demandoit les provinces cedées à Edouard III par le Traité de Bretigni , & deplus la Normandie avec la souveraineté sur la Bretagne. Je préviens le lecteur que tout ce que je vais dire est absolument oposé à la narration de tous

les

* Sœur du Dauphin.

les Hiſtoriens ; mais je cite les preuves juſtificatives de ce que j'avance , & je crois que mes réflexions & mes conſéquences paroîtront juſtes.

Le Traité qu'auroient ſigné la Reine & le Duc de Bourgogne , eût été de nulle valeur ; ils avoient , il eſt vrai , la procuration du Roi , mais il étoit en démence ; le Dauphin ayant dix-ſept ans , prenoit & avoit droit de prendre le titre de Régent ; il falloit ſon conſentement , & celui des Etats Généraux , pour faire la ceſſion de tant de Provinces ; d'ailleurs le Duc de Bourgogne ne voyoit la moitié du Royaume dans ſon parti , que parce qu'on le croyoit bien intentionné & le ſeul capable de remédier aux maux de l'Etat ; mais s'il avoit ſouſcrit aux demandes de l'Anglois , il ſeroit devenu dans l'inſtant l'horreur de la Nation ; toutes les Villes qui s'étoient déclarées pour lui , l'auroient abandonné & par conséquent auroient fortifié le parti du Dauphin. Voilà les réflexions que faisoient & qu'avoient déja faites précédemment la Reine , le Duc de Bourgogne & Henri ; ainsi ce n'étoit pas pour traiter de la paix qu'ils vouloient conférer ensemble. Quel étoit donc le véritable objet de l'entrevue de Meulant ? Le voici , & la suite le prouvera ; la Reine & le Duc de Bourgogne avoient résolu de perdre le Dauphin , de marier Madame Catherine à Henri & de lui faire tomber la Couronne. Henri & le Duc de Bourgogne eurent à Meulant un entretien secret *qui déplut beaucoup* , disent les Historiens , *à tous les bons François ;* le résultat de cet entretien fut que

Monstrelet.
chap. 199.
P. Daniel
pag. 538.

le Duc de Bourgogne seroit encore
des avances pour se réconcilier avec
le Dauphin : si ce jeune Prince consentoit à cette réconciliation, il se
livroit entre ses mains & entre celles
de la Reine ; s'il n'y consentoit
pas, il mettoit les apparences contre lui ; la guerre civile continueroit, & les armes de Henri, toujours favorisées secrettement par le
Duc de Bourgogne, continueroient
de faire des progrès. Tel étoit le
ressort de ce noir complot ; le Duc
de Bourgogne parut plus attaché
que jamais aux intérêts de la France pendant les conférences de Meulant, & lorsque lui & Henri juge-
rent qu'il étoit tems de les finir,
ils feignirent de les rompre par un
coup d'éclat & de se fâcher l'un contre l'autre : *Je sçavons*, dit Henri
au Duc de Bourgogne, *que vous*

ne cherchez qu'à nous amuser ; mais apprenez , biau Cousin , que j'aurons la fille & ce qu'avons demandé avec elle , ou que je débouterons votre Roi & vous aussi hors de son Royaume : Sire , lui repliqua le Duc de Bourgogne , *vous dites votre plaisir , mais avant qu'ayez débouté Monseigneur & nous hors de son Royaume, vous serez bien lassé , & de ce ne faisons nul doute.* Il faut observer que les Historiens Anglois conviennent *que Henri, pour continuer la guerre, avoit mis ses joyaux & sa Couronne même en gage ; qu'il n'avoit pas vingt-cinq mille hommes ; qu'aucune armée ne s'étoit opposée à ses progrès ; que la diversion & les trahisons du Duc de Bourgogne , lui avoient livré plusieurs Places , & que cependant , en quatre années , il n'avoit encore conquis qu'une seule*

Monstrelet chap. 206.

Rapin de Toiras, pag. 144 & 477.

Province. Or, si cette querelle n'a-
voit pas été une scene bassement
concertée entre ces deux Princes
pour éblouir & tromper le Peuple,
est-il naturel que Henri, qui certainement n'étoit pas un fou, eût
fait une pareille rodomontade, & se
fût exposé à parler de ce ton de
mépris à l'homme du monde le plus
fier, à un homme qui dans l'instant pouvoit l'écraser avec ses seules forces & à plus forte raison en
les unissant à celles du Dauphin ?

Le Duc de Bourgogne & le
Dauphin parurent se réconcilier ; ils
se virent, le 11 de Juillet 1419, près
du Château de Pouilly-le-Fort, entre
Corbeil & Melun, *& se jurerent*
de s'aimer comme freres & de résis-
ter en commun à la damnable entre-
prise des Anglois ; ils se donnerent
rendez-vous au 26 d'Août pour une

autre entrevue sur le pont de Montereau, après laquelle le Dauphin devoit se rendre auprès du Roi & de la Reine ; cette entrevue ne se fit que le 10 de Septembre ; le Duc de Bourgogne y fut tué. Mes idées sur ce meurtre sont encore absolument contraires à celles de tous les Historiens ; si mes réflexions ne persuadent pas le Lecteur, il sera du moins étonné qu'aucun Historien avant moi ne les ait faites.

Le 20 de Novembre 1407, le Duc d'Orléans & le Duc de Bourgogne allerent à la Messe aux Augustins, y communierent ensemble & se jurerent sur la Sainte Hostie de s'aimer désormais comme freres, & de prendre à l'avenir les intérêts l'un de l'autre. Le 23, le Duc de Bourgogne fit assassiner le Duc d'Orléans & le lendemain assista à ses funérailles la larme à l'œil & portant un des coins du drap mortuaire.

En 1413, après avoir signé la paix avec les fils du Duc d'Orléans, il crut avoir trouvé le moment & un moyen de les faire périr ; il avoit confié son projet à Pierre des Essars, Sur-Intendant des Finances & sa créature ; il le soupçonna d'en avoir averti ces jeunes Princes ; il continua de dissimuler avec lui & de lui faire les mêmes amitiés, tandis que sous main, sur d'assez vagues accusations, il lui fit faire son procès ; violant d'ailleurs une parole d'honneur qu'il lui avoit publiquement & solemnellement donnée.

Au mois d'Octobre 1416, il signa le Traité de Calais, par lequel reconnoissant Henri pour légitime

Roi de France , il promettoit de le servir contre Charles VI & le Dauphin , & d'employer contre eux la dissimulation , la ruse & toutes les autres voyes secretes qu'il pourroit imaginer & qui lui seroient indiquées.

Le 12 de Novembre , il se rendit à Valenciennes , y caressa beaucoup le Dauphin & lui promit qu'en fidelle vassal il l'aideroit contre les Anglois ; ensuite il engagea le Comte de Hainaut à lui promettre qu'il feroit son possible pour le faire rentrer dans la confiance du Roi & de la Reine : *& se jurerent* , dit Monstrelet, *le Duc de Bourgogne & le Comte de Hainaut qu'ils mettroient* Chap. 161. *tous leurs soins à bien gouverner le Royaume & les personnes du Roi & du Dauphin.* Il trompoit le Comte de Hainaut son beau-frere & le Dauphin Jean de qui il n'avoit jamais eu le moindre sujet de se plaindre ; à plus forte raison vouloit-il tromper le Dauphin Charles dont il avoit toujours été l'ennemi & dont il devoit se croire mortellement haï.

Enfin il ne pouvoit pas se déclarer de bonne foi & sincerement contre Henri, parce que Henri n'auroit pas manqué, pour se venger, de rendre public le Traité de Calais ; ce Traité si lache & si perfide l'auroit couvert d'infamie ; il seroit devenu l'execration de tous ceux que ses manifestes avoient trompés & qui avoient suivi son parti ; ces Villes qui s'étoient déclarées pour lui, auroient vû qu'il n'avoit allumé la guerre civile, qu'il n'avoit fait commettre tant de massacres & qu'il n'avoit voulu s'emparer du gouvernement que pour trahir l'Etat & mettre sa nation sous le joug

d'une nation étrangere & ennemie ;
les François qu'il avoit si longtemps
divisés, se seroient tous réunis contre lui ; on l'auroit poursuivi ; on
auroit confisqué ces Pairies & ces
grands fiefs qu'il tenoit de la couronne & qui le rendoient si puissant ;
aucun de ses sujets & de ses vassaux
n'auroit pu continuer de lui obéir
sans se rendre coupable du crime de
félonie & de Leze Majesté ; ils auroient abandonné le pere & le fils
par devoir & par mépris ; car le fils
(Philippe surnommé le bon) avoit
aussi signé le Traité de Calais. Après
que le pere eut été tué sur le pont
de Montereau, Jean Seguinat, son
Sécrétaire, s'exposa à être mis à la
torture la plus cruelle, plutôt que
d'avouer que son Maitre avoit fait
& signé ce Traité de Calais ; cela
prouve combien la Maison de Bour-

gogne craignoit que ce Traité dont
on n'avoit que des soupçons, ne fût
connu.

Le Dauphin étoit peut-être encore plus haï de sa mere que du Duc
de Bourgogne ; elle répétoit sans
cesse que ce jeune Prince & le Connétable d'Armagnac, pour avoir un
prétexte de s'emparer de quelques
sommes qu'elle avoit amassées en
épargnant sur sa dépense & ses revenus, avoient poussé l'indignité jusqu'à rendre sa vertu suspecte à son
mari & qu'ils n'avoient fait noyer le
pauvre Louis de Bourdon & ne l'a-
voient releguée à Tours, que pour
sceller son oprobre & achever de
persuader que les bruits qui cou-
roient sur ses galanteries, n'étoient
que trop vrais. Mon fils, ajoutoit-
elle, a bien des torts avec moi ; mais
il est jeune & je suis bonne mere ; je

lui pardonne. Or il y a des chofes
que les meilleurs cœurs ne pardon-
nent point, & certainement Ifabeau
de Baviere étoit naturellement très-
méchante, très-avare & très vindicative. D'ailleurs elle penfoit que
ce fils qu'elle avoit perfecuté, s'il
montoit fur le trône, l'éloigneroit
de la Cour, ou qu'elle y feroit dé-
laiffée, abandonnée, fans crédit &
fans confidération ; au lieu qu'en
mariant fon idole, fa belle Catherine à Henri & en lui faifant tomber la couronne, la tendreffe de
cette chere fille & la reconnoiffance
de fon gendre lui conferveroient cet
état de grandeur & de puiffance dont
elle avoit toujours été fi jaloufe. On
ne peut pas douter que ce ne fuffent
là fes idées, lorfqu'on la voit tomber
dans les accès de la plus étrange fureur à la nouvelle de la mort du Duc

de Bourgogne. Pourquoi cette fureur & ces emportemens, que parce qu'elle croyoit que la mort de ce méchant homme faifoit échouer le projet qu'ils avoient fait ? pourquoi fe ligua-t-elle avec Henri & avec le nouveau Duc de Bourgogne ? pourquoi écrivit-elle & fit-elle écrire à toutes les Villes par fon imbecille mari, que leur fils étoit un traître, un homicide, un facrilége qu'ils desheritoient & que la nation devoit profcrire ?

Voyons à préfent s'il étoit vraifemblable que le Dauphin penfât à faire tuer le Duc de Bourgogne ; ce Duc poffedoit la Flandres, l'Artois, le Duché & le Comté de Bourgogne ; fes partifans commandoient dans les meilleures places de la Picardie, de la Champagne, de la Brie, & de la moitié de l'Ifle de

France ; le Conseil & le Parlement étoient composés de ses créatures ; la ville de Paris qui donnoit dans ce temps là un très-grand mouvement au reste du Royaume, lui étoit entierement devouée ; le Comte de S. Paul, son neveu, que cette capitale lui avoit demandé pour gouverneur, y résidoit alors avec une garnison nombreuse ; enfin il avoit un fils, âgé de vingt trois ans, fort aimé, & qui passoit pour un Prince très sage & très éclairé ; il étoit très évident que ses partisans se réuniroient à son fils par inclination ou pour conserver leurs fortunes & leurs emplois, & que ce fils déja lié secretement avec les Anglois, se croiroit en droit de les favoriser ouvertement sous le prétexte de vanger la mort de son pere ; ainsi le Dauphin auroit commis un crime non-seulement inutile , mais qui ne pouvoit qu'être très funeste à ses intérêts. Les historiens ne font point ces reflexions , ou dumoins n'en font pas embarassés ; tous , excepté Jean Juvenal des Ursins , paroissent persuadés que Tan,negui du Chatel & autres qui composoient le conseil de ce jeune Prince , avoient résolu de vanger la mort du Duc d'Orleans ; c'est-à dire qu'ils n'avoient promis & juré solemnellement toute sureté au Duc de Bourgogne que pour l'assassiner ; qu'ils ne se soucierent point de se rendre execrables à toute la terre par cette trahison , & que pour être à portée d'executer ce lache complot, ils ne balancerent pas à compromettre le Dauphin auquel leur fortune étoit alors attachée , & à risquer la destinée & même sa vie ; car il pouvoit être tué dans la mêlée sur le pont de Montereau. Voilà , il faut l'avouer , des courtisans d'une espece bien rare ; ils sacrifient aveuglément tout aux mânes d'un maître qui ne pouvoit plus rien pour eux & qu'ils avoient perdu il y avoit plus de douze ans. Il faut en même-temps observer que Tannegui du Chatel passoit généralement , dans l'un & l'autre parti , pour un homme prudent , généreux , plein de candeur & de probité , & qu'il avoit donné & donna encore dans la suite des preuves qu'il étoit plus attaché à la personne , qu'au rang du Dauphin. Mais examinons les circonstances du fait telles qu'elles sont rapportées par Jean Juvenal des Ursins.

Le Château de Montereau est séparé de la ville par le pont : les troupes du Duc de Bourgogne occuperent le Château : celles du Dauphin

étoient dans la ville : du côté du Château , on avoit fait une barriere par
laquelle entra le Duc de Bourgogne avec les dix Seigneurs qui l'accompagnoient : le Dauphin , avec ses
dix Seigneurs , entra par une pareille
barriere qu'on avoit faite du côté de
la ville : il y avoit au milieu du pont
une espece de parc , fait de hayes , avec *Deposition*
deux entrées , l'une du côté du Châ- *de Segui-*
teau & l'autre du côté de la ville : *nar.*
& furent lesdits Seigneurs de part & Juvenal des
d'autre visités & n'avoient seulement Vrsins.
que leurs haubergeons & épées ; & quand
ils furent entrés , mirent des gardes cha-
cun de leurs gens , aux deux huis , c'est-
à-dire le Dauphin à l'huis par où il en-
tra du côté de la ville , & le Duc de
Bourgogne à l'huis par où il entra du
côté du Château .... & quand ils fu-
rent arrivés au parc , Monseigneur

le Dauphin parla le premier & dit au
Duc de Bourgogne, beau coufin, vous
favez qu'au traité de la paix nague-
res faite entre nous à Melun, fumes
d'accord que dans un mois nous nous
affemblerions dans quelque lieu pour
traiter des befognes du Royaume &
trouver moyen de réfifter à l'Anglois;
ce lieu fut choifi; nous nous y fommes
rendus au jour marqué & nous vous y
avons atendu quinze jours entiers; pendant lequel temps nos gens & les vôtres
font beaucoup de mal au peuple, & nos
ennemis toujours conquêtent païs; je
tiens la paix faite entre nous, ainfi
que l'avons deja promis & juré; avi-
fons, je vous prie, aux moyens de re-
fifter aux Anglois. Lors le Duc répondit
qu'on ne pouvoit rien avifer & faire
finon en la prefence du Roi fon pere &
qu'il falloit qu'il y vint. Et le Dauphin

très doucement lui dit qu'il iroit vers Monseigneur son pere quand bon lui sembleroit & non à la volonté de lui Duc de Bourgogne , & qu'on savoit bien que ce qu'ils feroient eux deux , le Roi en seroit content. Et il y eut quelques paro-les , & s'approcha le * Seigneur de Noailles dudit Duc qui rougissoit & qui dit , Monseigneur, vous viendrez apre-sent à votre pere , en voulant mettre la main gauche sur lui & de l'autre tira son épée à moitié ; & lors Messire Tannegui du Chatel prit Monseigneur le Dauphin entre ses bras & le mit hors de l'huis de l'entrée du parc ; & il y en eut qui fraperent sur le Duc de Bour-gogne & sur ledit Seigneur de Noailles ; & allerent tous deux de vie à trépasse-ment , & ceux du Château qui étoient près de l'huis du parc , oncques ne s'en émurent , croyant que c'étoit Monsei-gneur le Dauphin qu'on avoit tué .... &

* Il étoit du parti Bourgui-gnon.

parce qu'on chargea fort Messire Tanne-
gui du Chatel d'avoir fait le coup, il
s'en fit excuser devers le fils du Duc de
Bourgogne, en affirmant comme preud-
homme & Chevalier, que jamais ne le fit,
ni ne fut consentant de le faire, & que
s'il y avoit deux gentilshommes qui vou-
lussent dire le contraire, il étoit prêt de
s'en défendre & de les combattre l'un
après l'autre, & sur ce il n'y eut personne
qui répondit. . . . Messire Robert de Loire,
Messire Bataille & le Vicomte de Nar-
bonne confessoient qu'ils avoient frappé le
Duc de Bourgogne, & quand on leur
demanda pourquoi ils avoient fait le
coup, ils répondirent qu'en leurs con-
sciences, ils virent que le Duc de Bour-
gogne aprochoit de Monseigneur le Dau-
phin, & aussi le Seigneur de Noailles,
tirant à moitié l'épée & que lors ils
fraperent. . . .

Si Tannegui du Chatel avoit frapé

le Duc de Bourgogne , pourquoi l'auroit-il nié ? pourquoi n'auroit-il pas dit comme les autres , *j'ai cru qu'il vouloit atenter à la vie de mon maître , je l'ai prévenu ?* Pourquoi auroit-il fait un defaveu qui coute toujours à quelque homme que ce foit & qui pouvoit donner au Dauphin de mauvaifes impreffions fur fon caractere ? s'il n'avoit pas été pouffé par cette générofité de l'honnête homme qui s'indigne qu'on le calomnie , pourquoi fe feroit-il expofé à un combat qui dans ce temps là étoit d'une toute autre confequence que dans ce temps-ci ? la mort n'en étoit pas l'unique inconvenient ; le vaincu paffoit pour coupable , menteur & infame ; on le pendoit mort ou vif après l'avoir traîné fur la claie. On voit dans les actes publics d'Angleterre un paffe-port conçu en ces termes : *Nous*

Henri sçavoir faisons à tous nos capitaines & commandans que Guillaume de Guitri ayant été accusé & appellé par Guillaume de Biere, comme complice de la mort de notre cousin le feu Duc de Bourgogne, nous accordons audit Guitri un saufconduit pour venir combattre en notre présence ledit de Biere ; lequel saufconduit sera de huit jours pour venir & de huit jours pour s'en retourner, s'il n'est pas vaincu. Donné dans notre camp de Melun le 15 de Juillet 1420.

Le Dauphin écrivit une lettre circulaire dans laquelle il disoit que dans la conference sur le pont de Montereau, ayant amiablement représenté au Duc de Bourgogne qu'il n'avoit pas fait la guerre aux Anglois comme il l'avoit promis, ni evacué les places où il tenoit garnison, ce Duc lui avoit répondu plusieurs outrageuses paroles & avoit tiré ſon épée pour le villener en ſa perſonne & s'en rendre maître ; mais que par la grace de Dieu & l'aide de ſes loyaux ſerviteurs , il avoit été préſervé de ce danger , & que ledit Duc ayant occaſionné lui-même ſa mort par ſes outra-ges , avoit été tué ſur la place. Si l'on dit que la lettre du Dauphin doit être ſuſpecte , il faut auſſi convenir que l'on ne doit pas s'en raporter aux relations que faiſoit & publioit la Cour de Bourgogne ; les dix Seigneurs qui étoient avec le Dauphin, étoient auſſi croyables que les dix qui avoient accompagné le Duc de Bourgogne ; il n'y avoit que ces vingt perſonnes qui pouvoient ſavoir comment la choſe s'étoit paſſée, & ce n'eſt que ſur le recit des uns ou des autres, que les hiſtoriens contemporains ont écrit ; ces hiſto-riens ont pu être trompés ou pouvoient être attachés à l'un ou à l'autre parti ; fi l'on doute de la relation de Jean Juvenal des Urfins parce qu'il étoit , dit-on , partifan du Dauphin , pourquoi ne doutera-t-on pas de même de celle de Monftrelet , né dans le Hainaut , & qui étoit & devoit être affectionné à la Maifon de Bourgogne ? Il n'y a prefque pas de chapitres dans fon hiftoire où l'on ne remarque fon inclination pour le Duc de Bourgogne & pour fon fil ; elle éclate furtout dans le récit du meurtre de Montereau. D'ailleurs plufieurs circonftances qu'il infinue , font manifeftement fauffes ; je ne citerai quant à préfent que celle-ci ; il raporte (aparemment pour rendre Tangui du Chatel plus odieux) *que le Duc de Bourgogne en entrant dans les barrieres , frapa d'amitié fur l'épaule de du Chatel , en difant au Seigneur de*

S.

S. Georges, *voilà l'homme en qui je me fie ;* or nous avons la déposition du Seigneur de S. Georges ; il n'en dit pas un mot ; certainement ce Seigneur Bourguignon n'auroit pas oublié une pareille circonstance dans sa déposition.

Examinons à présent les seules & uniques preuves qui paroissent apuyer l'opinion de ceux qui croyent que le meurtre du Duc de Bourgogne étoit un assassinat premedité ; c'est une information faite à la requête de son fils & de sa veuve, devant le Bailli de Dijon & autres de leurs officiers ; elle est composée de six depositions, c'est-à-dire d'une decla-ration que Bertrand de Noailles & Guillaume Lapaleur avoient faite de-vant deux Notaires de ce qu'ils pré-tendoient leur avoir été raconté par le Seigneur Archambaut de

Tome III. K

Noailles quelques heures avant sa
mort ; comme cette déclaration ne
contient qu'un oui-dire & que d'ailleurs le faux y est absolument manifeste , je ne raporterai que les dépositions des quatre temoins oculaires , Jean Seguinat Sécrétaire du
Duc de Bourgogne , Antoine de
Vergi , Guillaume de S. Georges &
Gui de Pontaillier , trois des dix
Seigneurs qui l'avoient accompagné :
le lecteur présumera sans doute que
les Juges , le lieu où s'est faite l'information & les témoins doivent
être suspects.

Deposition de Jean Seguinat, Sécrétaire du Duc de Bourgogne.

. . . . feu mondit Seigneur de Bourgogn
& les Seigneurs de sa compagnie , ave
lui deposant , passerent & entrerent dans
les barrieres du Dauphin , & aussitô
qu'ils furent dedans , Tangui du Chas

tira lui depofant par la manche dedans lefdites barrieres pour plus hativement fermer le guichet d'icelles. On ne pouvoit faire paffer le meurtre du Duc de Bourgogne pour un affaffinat prémédité qu'en jettant beaucoup de doute & d'embarras dans les efprits fur la difpofition des barrieres & fur les précautions qu'on avoit prifes à cet égard de part & d'autre ; à la façon dont Seguinat s'exprime , il fembleroit que le Dauphin étoit le maître de faire ouvrir & fermer la barriere du côté du Duc de Bourgogne ; le bon fens ne permet pas de le croire ; ce même Seguinat , les autres témoins, & toutes les relations conviennent qu'on demeura d'accord que pour la fureté réciproque les Dauphinois auroient la Ville & les Bourguignons le Château ; le Duc de Bourgogne arriva vers les

Journ. pag. 219 & 220.

quatre heures après midi avec quatre
cent hommes d'armes & deux cent
archers ; il les mit dans le Château
& aux environs & plaça une garde
auprès de sa barriere ; mais le Château , cette garde & ces troupes
n'auroient servi de rien à sa sureté
personnelle & à celle des dix Seigneurs qui l'accompagnoient , s'il
n'avoit pas été le maître d'ouvrir sa
barriere , en cas de danger , comme
le Dauphin étoit le maître d'ouvrir
la sienne. *Mondit Seigneur de Bourgogne* , continue Seguinat , *aperçut
le Dauphin qui étoit près de la porte
devers la vil'e sur ledit pont à l'endroit
d'un petit retrait fait de haies ; mondit
Seigneur alla à lui , ôta son * aumusse
qui étoit de velour noir & s'agenouilla en
lui disant , Monseigneur , après Dieu
je ne dois obeir qu'au Roi & à vous ;
je viens vous offrir ma personne , mes*

* Son cha-
peron.

biens & toutes les forces de mes alliez &
bienveillans ; si on vous a fait quelque
raport à mon desavantage , je vous prie
de n'en rien croire ; dis-je bien , Messieurs , ajouta t il ? Vous dites si bien ,
répondit le Dauphin , qu'on ne peut
mieux ; levez vous biau cousin & vous
couvres , en le tenant par la main. Le
Président de Provence vint au Dauphin
& lui parla bas à l'oreille , & le deposant aperçut que ledit Président & le
Dauphin firent signe de l'œil à Tangui
du Chatel , lequel Tangui poussa entre
les deux épaules mondit Sèigneur de
Bourgogne d'une grande hache de guerre
sans dague qu'il tenoit à la main , en
lui disant , Monsieur de Bourgogne ,
Entrez la dedans. Il faut se représenter
les deux barrieres hautes de six pieds ,
l'une du côté du Château & l'autre
du côté de la Ville : un espace entouré d'un clair-voir & formant une

K iij

eſpece * de ſallon au milieu du pont :
deux entrées à ce ſallon , l'une
du côté du Château & l'autre du
côté de la Ville ; le Dauphin étoit
à l'entrée du côté du Château ,
c'eſt-à-dire du côté par où venoit le
Duc de Bourgogne ; ce Duc n'é-
toit point entré dans le ſallon ,
puiſque du Chatel en le pouſſant
d'une grande hache d'armes entre les
deux épaules , lui dit, Entrez la dedans. *Monſeigneur de Bourgogne*, continue *Seguinat* , *s'étant retourné de
côté , put voir un grand homme brun qui
tenoit une grande épée nue & taillante ,
& dans ce moment les gens du Dauphin
ayant commencé à crier , tuez , tuez ,
ce grand homme brun frapa mondit
Seigneur de Bourgogne de ladite épée ſur
la tête en deſcendant le long du viſage
du côté droit , & mondit Seigneur de
Bourgogne eut le bras preſque coupé aſſez*

près du poignet , en voulant parer le coup ; Barbazan étoit auprès de celui qui donna le coup ; duquel coup mondit Seigneur de Bourgogne ne tomba pas ; mais dans l'inflant Tangui du Chatel frapa de ladite hache d'armes un fi grand coup fur la tête de mondit Seigneur de Bourgogne qu'il tomba à terre fur le côté gauche , le vifage vers le Dauphin qui étoit préfent ; les Seigneurs de Noailles & d'Autrey s'étant mis au-devant de mondit Seigneur de Bourgo-gne pour parer les coups qu'on lui por-toit , furent bleffés ; & dans le mo-ment qu'on eut crié , tuez , tuez , ceux qui étoient en la compagnie du Dauphin , prirent & emprifonnerent les Seigneurs qui étoient entrez avec Monfeigneur de Bourgogne , excepté le Seigneur de Neuf-chatel qui s'échapa. Le depofant regar-doit toujours mondit Seigneur de Bour-gogne en grande crainte & doute de fa

vie, lorſqu'il vit un homme qui s'agenouilla & qui lui plonga ſon épée dans
le corps ; alors Monſeigneur de Bourgogne étendit les reins en pouſſant un
ſoupir & expira.

Il paroit par toutes les relations
qu'on ſe defioit les uns des autres, &
qu'on prit & qu'on ſe donna réciproquement toutes les ſuretés poſſibles ;
d'ailleurs le Duc de Bourgogne vi-
voit dans des frayeurs continuelles
depuis l'aſſaſſinat du Duc d'Orleans
& les differens maſſacres qu'il avoit
fait commettre à Paris ; il avoit fait
bâtir à ſon hôtel * de Bourgogne
une tour & dans cette tour une
chambre ſans fenêtres & dont la porte
étoit très baſſe ; il la fermoit lui-
même le ſoir & ne l'ouvroit le matin
qu'avec toutes les précautions que
la crainte inſpire aux ſcelerats ;
puiſqu'il en prenoit de ſi grandes

* Rue Mau-
conſeil où
eſt la Co-
médie Ita-
lienne.

à Paris, il n'étoit pas homme à les négliger aux conférences avec le Dauphin; on prétend même qu'il balança longtemps avant que d'aller à l'entrevue de Montereau; qu'il avoit des preffentimens qu'il y feroit tué; qu'on le lui avoit prédit & qu'il ne cachoit point fes craintes; elles devoient augmenter fa défiance naturelle & rendre les dix Seigneurs qui l'accompagnoient encore plus atentifs fur les moindres mouvemens des dix qui étoient avec le Dauphin: voilà cependant un homme qui vient parler bas à l'oreille du Dauphin; on donne un coup d'œil à du Chatel; il pouffe le Duc de Bourgogne pour l'avertir qu'il va le fraper; il a une grande hache de guerre, quoique les uns & les autres fuffent convenus qu'ils n'auroient que leurs épées; les Dauphinois fe trouvent placés

derriere le Duc de Bourgogne : tout
cela eſt-il vraiſemblable ? les Bourguignons ne devoient-ils pas être
immédiatement derriere leur Duc ,
de même que les Dauphinois immédiatement derriere le Dauphin ?

Du Chatel , Barbazan & autres
qui compoſoient le conſeil de ce
jeune Prince , connoiſſoient le caractere défiant du Duc de Bourgogne ; il n'étoit pas douteux qu'il
ſeroit ſur ſes gardes ; ils n'avoient
au plus qu'un moyen de le ſurpren-
dre ; c'étoit de prévenir les ſoldats
qu'ils mettroient à leur barriere ,
d'accourir promptement dès qu'ils
entendroient crier *tuez* , *tuez* ; mais
on ne defile pas vite & en grand
nombre par un guichet ; d'ailleurs
la Seine eſt aſſez large à Montereau
& parconſéquent les barrieres qu'on
avoit conſtruites aux deux extrêmi-

tez du pont, étoient affez éloignées
du fallon qu'on avoit fait au milieu ;
les dix Seigneurs Bourguignons ne
pouvoient donc pas être fubitement
accablés par le nombre ; une dé-
fenfe de quelques minutes donnoit
aux gens de leur barriere le temps
de venir à leur fecours ; alors le
combat s'engageoit & le Dauphin
pouvoit y être tué ; fi l'on me dit
que fon confeil ne s'en foucioit pas
& qu'il ne penfoit qu'à vanger la
mort du Duc d'Orleans & du Connetable d'Armagnac, je me crois dif-
penfé de répondre à cette abfurdité.

Dépofition de Guillaume de Vienne, Seigneur de S. Georges.

..... *lors mondit Seigneur le Duc de
Bourgogne entra dans lefdites barrieres
avec les dix de fa compagnie & inconti-
nent fut fermé le guichet defdites barrieres*

par là où ils étoient entrés. Et quand mondit Seigneur le Duc aperçut ledit Dauphin
qui étoit à un des quarrés deſſus le pont
devers la riviere , à un retrait qui étoit
fait en maniere de paſſoüer , mondit Seigneur le Duc alla devers le Dauphin , &
s'agenouilla devant lui & ôta ſon chape-
ron en lui faiſant la reverence , & lui
dit qu'il étoit venu à ſon mandement
pour s'employer à ſon ſervice & au bien
du Royaume ; & alors le Dauphin le
prit par la main , & le fit lever , & ſe
tenoient par les mains enſemble , & lui
ſembloit à lui depoſant qu'ils ſe parloient
amoureuſement & gracieuſement ; comme
lui depoſant etoit incommodé , il ſe retira
dans un coin près de là pour vomir , où
étant il entendit crier à haute voix , tuez,
tuez , & lors il ſe tourna & vit beaucoup de gens armés entrer dedans leſdites
barrieres & cloiſons ordonnées du côté du
Dauphin ; & vint à lui Tangui du

Chatel qui le prit & le mena hors desdites barrieres & le bailla au Seigneur de Guitri, lequel l'emmena en son hôtel dans la ville, ainsi malade qu'il étoit. Interrogé de ceux qui fraperent & meurtrirent Monseigneur le Duc de Bourgogne, dit qu'il ne vit point fraper Monseigneur de Bourgogne, parce qu'il étoit malade & qu'il vomissoit alors, & que la chose fut si soudainement faite qu'il ne put apercevoir ceux qui l'avoient faite.

Le Seigneur de S. Georges avoit été Chambellan du Duc de Bourgogne tué à Montereau ; il l'étoit du fils & pensionné à trois mille livres ; il est assez honnête homme pour ne vouloir pas mentir en déposant que son Maître avoit été traitreusement assassiné ; mais en même-temps il ne veut pas déposer contre lui & avouer qu'il l'avoit vu mettre la main sur la

Etat de la Maison du Duc de Bourgogne. pag. 121.

garde de fon épée pour fraper le Dauphin ; il prend le parti de dire qu'il
n'a pu voir ce qui s'étoit paffé, parce
qu'il vomiffoit alors dans un coin.
D'ailleurs on voit que ce Seigneur de
S. Georges ne fut point bleffé, comme l'avance fauffement Monftrelet.

Dépofition d'Antoine de Vergi.

.... *& fe tenoient par les mains Monfeigneur de Bourgogne & le Dauphin &
lui fembloit à lui dépofant qu'ils fe parloient amoureufement & gracieufement ;
& ainfi qu'ils fe tenoient & parloient enfemble, lui depofant entendit crier à haute
voix, tuez, tuez, & vit grand nombre
de gens armés entrer dedans lefdites barrieres & cloifons ordonnées du côté du
Dauphin. Interrogé de ceux qui frapperent & meurtrirent feu Monfeigneur le
Duc, dit qu'il vit bien qu'on le frapoit,
mais qu'il ne put voir celui qui le frapa ;*

parce que ceux qui le fraperent étoient derriere lui, & que la chose fut faite très soudainement.

Puisque ce témoin dit simplement qu'il *lui sembloit* que le Dauphin & le Duc de Bourgogne se parloient gracieusement, il convient qu'il n'entendoit pas ce qu'ils se disoient. Puisqu'il ne put voir ceux qui fraperent le Duc de Bourgogne parce qu'ils étoient derriere le Duc de Bourgogne & entre ce Prince & lui deposant, à plus forte raison ne put-il pas voir si ce Prince avoit fait auparavant le geste de mettre la main sur la garde de son épée pour fraper le Dauphin. Cette déposition, comme la précédente, me paroit d'un homme qui ne veut pas dire la vérité, mais qui voudroit en même-temps ne pas mentir ; d'ailleurs je dirai toujours qu'il me semble que les Seigneurs qui efcortoient le Duc de Bourgogne devoient être immédiatement derriere lui, de même que ceux qui efcortoient le Dauphin devoient être immédiatement derriere le Dauphin.

Dépofition de Gui de * Pontaillier.

*Il étoit Chambellan & penfionné du Duc de Bourgogue.

.... & fe tenoient par les mains Monfeigneur de Bourgogne & le Dauphin, & lui fembloit qu'ils fe parloient amoureufement & gracieufement ; & ainfi qu'ils fe tenoient & parloient enfemble, il entendit crier à haute voix & en grand tumulte, tuez, tuez, & lors vit grand nombre de gens armés entrer dedans lefdites barrieres & cloifons ordonnées du côté du Dauphin. .... Dit deplus qu'il vit Tangui du Chatel qui frapa Monfeigneur le Duc de Bourgogne d'une hache d'armes,& que Meffire Robert de Loire tenoit pour lors feu Monfeigneur le Duc de Bourgogne par les manches de fa robbe par derriere.

Seguinat depose qu'il fut faisi & fait prifonnier par Meffire Bataille & qu'il ne fçait pas le nom du grand homme brun qui tenoit une épée nue & taillante & qui frapa le premier le Duc de Bourgogne ; ce grand homme brun étoit Robert de Loire que le Seigneur de Pontaillier occupe à tenir par derriere le Duc de Bourgogne par les manches de fa robbe. Seguinat ajoute que Barbazan étoit auprès du grand homme brun ; Pontaillier dit qu'il n'aperçut point Barbazan dans les barrieres, mais qu'il le vit, hors des barrieres, regardant par un guichet qui étoit ouvert ; Monftrelet prétend que *Barbazan* reprocha à ceux qui avoient machiné le cas, qu'ils avoient deshonoré à jamais le Dauphin & que mieux auroit valu avoir été mort que d'avoir été à icelle journée. On voit que les témoins ne s'accordent pas & que la relation de l'historien contemporain est contraire aux dépositions des témoins.

Preuves pour servir à l'hist. du meurtre du Duc de Bourgogne. pag. 290. Charles de Bourbon, Comte de Clermont, avoit épousé une des filles du Duc de Bourgogne ; il étoit un des dix Seigneurs qui l'avoient accompagné ; il lui donna le tort, se déclara pour le Dauphin & suivit toujours depuis son parti ; il faut observer que c'étoit ** Il avoit dix-sept ans.* un jeune * Prince d'un mérite distingué ; l'année suivante, par sa valeur, sa fermeté & sa bonne conduite, il chassa le Comte de Foix du Languedoc ; si le meurtre de Montereau avoit été un noir comp'ot, est-il naturel qu'il se fût lié avec des traitres, des hommes sans foi, prodigues de sermens pour attirer leur victime dans le piége ?

Il foutint toujours au fils du Duc de Bourgogne que fon pere avoit occafionné lui-même fon malheur & il l'obligea de lui renvoyer fa femme (Agnès de Bourgogne) avec qui il n'avoit pas encore confommé fon mariage, parce qu'elle n'étoit pas en âge; il le confomma à Autun le 17 de Septembre 1425.

A la fuite du Journal de Paris fous les regnes de Charles VI & de Charles VII, on trouve *un Mémoire pour fervir à l'hiftoire du meurtre de Jean fans peur Duc de Bourgogne;* c'eft une narration de l'éditeur; on doit croire qu'il n'a pas eu la témérité de la donner pour conftante & certaine, puifqu'il ne l'a compofée que fur les dépofitions qu'on vient de voir & fur quelques autres pieces tirées des regiftres de la Chambre des Comptes de Dijon & qui ne fourniſſent aucune preuve valable d'un aſſaſſinat prémédité. Entre autres circonſtances fauſſes & ridicules que l'on trouve dans cette narration & dans ces pieces , je ne citerai que celles-ci : *L'animoſité des aſſaſſins du Duc fut ſi grande que ckacun voulut avoir un morceau de ſa robbe pour le porter ſur la ſienne ; on le dépouilla , ne lui laiſſant que ſon jupon & ſes ∗ houſeaux ; on mit ſon corps dans la biere où l'on porte les pauvres en terre ; & on le fit porter à l'hôpital , & de-là à l'Egliſe , par les gens les plus paillards que l'on put trouver .... Tangui du Chatel voulant ſe diſtinguer parmi les complices , prit un des eperons noirs du Duc à molettes dorées, & fit faire un étui pour enchaſſer la hache au bec de faucon dont il l'avoit frapé.* Du Chatel

Pag. 223. 224 & 289.

∗Gueſtres ou botti- nes.

paſſa toujours pour un homme fier,
plein de (1) candeur & de franchiſe;
s'il avoit affecté de faire parade de
cette hache & de la montrer publiquement, auroit-il eu le front d'envoyer à la Cour de Bourgogne un
cartel où il déclaroit qu'il n'avoit
penſé qu'à ſauver le Dauphin; qu'il

(1) En 1425, Artur de Richemont, frere
du Duc de Bretagne, offrit à Charles VII de
lui amener toutes les forces du Duché,
mais à condition qu'il éloigneroit d'auprès
de ſa perſonne tous ceux qu'on accuſoit
d'avoir été complices de la mort du Duc de
Bourgogne; Tannegui du Chatel alla ſe
jetter aux pieds de Charles VII & lui demanda pour récompenſe de ſes ſervices, la
permiſſion de ſe retirer; ce Prince l'em-
braſſa, verſa des larmes & lui dit qu'il ne pouvoit conſentir à cette ſéparation; ce fidele
ſerviteur prépara tout pour ſon depart, & s'e-
xilant lui-même, quitta le miniſtere & le
commandement des armées avec autant de
gloire que l'on en ait jamais eu à y reſter.
Il faut convenir qu'un ſi bon maître & un
ſi bon ſerviteur n'ont gueres l'air de traitres & d'aſſaſſins.

n'avoit jamais frapé ni dit de fraper le Duc de Bourgogne ; que tous ceux qui l'en accufoient, avoient menti & qu'il offroit de les combattre en champ clos ?

Pierre Fenin & Monftrelet étoient certainement très affectionnés au parti Bourguignon ; S. Remi fervoit dans les troupes Angloifes & fut dans la fuite Chancelier de Philippe de Bourgogne fils de Jean fans peur ; les hiftoriens qui font venus après ces trois hiftoriens contemporains, ont-ils eu raifon de les fuivre aveuglément ? il faut encore remarquer que les circonftances du meurtre raportées par Fenin, Monftrelet & S. Remi, font differentes de celles que dépofent les témoins ; enforte que les dépofitions des témoins font fupofées, ou la relation de ces trois hiftoriens eft fauffe ; d'ailleurs le recit de Fenin n'eft pas

conforme à celui de S. Remi, & Monftrelet n'a fait que copier mot à mot
S. Remi qui devoit être entierement fufpect.

Après avoir examiné le pour & le
contre avec toute l'attention poffible , s'il faut dire mon fentiment , le
voici : le Dauphin étoit à l'entrée du
fallon ; il alla trois ou quatre pas
au-devant du Duc de Bourgogne ;
après les premiers complimens , il
entra en explication & lui reprocha
qu'il n'avoit rien fait de tout ce qu'il
lui avoit promis par le Traité de
Pouilli-le-fort ; qu'il n'avoit point
retiré fes garnifons des places qu'il
devoit évacuer ; que fes troupes
avoient toujours demeuré dans l'i-
naction & ne s'étoient opofées à aucune des nouvelles entreprifes de
Henri ; que les Anglois avoient fur-
pris Pontoife par efcalade & que

toute la France accufoit Lifladam
de leur avoir livré cette ville. Il
faut fe repréfenter le Duc de Bourgogne vieilli dans le crime , naturellement fier , d'accord avec la
Reine , maître de la perfonne du
Roi & méprifant un jeune Prince
de dix-fept ans & d'un caractere
doux ; le reproche fur la prife de
Pontoife dut d'autant plus le piquer
que Lifladam (1) paffoit pour l'exe-
cuteur ordinaire de fes trahifons &
de fes cruautés ; il s'emporta avec
hauteur & dit au Dauphin , en mettant la main fur la garde de fon (2)

<p. Daniel. pag. 523.>
(1) Lifladam étoit entré au fervice du Duc
de Bourgogne par une trahifon ; on l'accufoit
auffi d'avoir excité les maffacres à Paris en
1418 & d'avoir commis des indignités fur le
cadavre du Connétable d'Armagnac.

(2) Monftrelet prétend *que le Duc de
Bourgogne voulant remettre plus en avant fon
épée qui s'étoit retirée en arriere lorfqu'il
s'étoit agenouillé devant le Dauphin, Robert de
épée ,*

épée, que le Roi & la Reine juge-
roient des reproches & de la querelle qu'il lui faifoit & qu'il falloit
qu'il vint tout à l'heure les trouver.
Il étoit très naturel de le préfumer
capable d'un atentat ; Robert de Loire
& le Vicomte de Narbonne le fraperent, tandis que du Chatel, qui
étoit derriere le Dauphin, le retiroit
vite & le faifoit rentrer dans le fallon ;
on cria *tuez, tuez*, & ce fut à ce cri
qu'a travers le fallon qui n'étoit
qu'un efpace entouré d'un clairvoir,
les Seigneurs Bourguignons virent
entrer des gens armés dans les barrieres. Il faut obferver que felon les
dépofitions des témoins, il n'y
avoit point de barriere entre le Dau-

Loire lui dit, quoi voulez vous mettre l'épée
à la main en la préfence de Monfeigneur le
Dauphin ? *qu'alors du Chatel s'écria, il eft
temps & frapa le Duc de Bourgogne.*

Tome III. L

phin & le Duc de Bourgogne ;
comme le difent les hiftoriens contemporains.

Je paſſerai rapidement ſur des faits
que perſonne n'ignore. Le nouveau
Duc de Bourgogne ſuivit le déteſta-
ble projet de ſon pere ſous prétexte
de vanger ſa mort ; il s'unit avec la
Reine pour perdre le Dauphin , le
priver de la couronne & la mettre ſur
la tête de Henri. Cette mechante
femme tenoit ſa Cour à Troyes en
Champagne ; elle y avoit mené ſon
mari dont la maladie avoit dégeneré
depuis longtemps dans une ſombre
imbecillité ; Henri ſe rendit dans cette
ville le 20 Mai 1420 , & le lendemain on y ſigna un traité qu'on apella
la paix de Troyes ; il contient XXXI
articles ; je ne raporterai que les
principaux.

» Le Roi d'Angleterre étant de-

» venu fils du Roi de France par son
» mariage avec la Princesse Cathe-
» rine, honorera le Roi & la Reine de
» France comme ses pere & mere. «

» Il n'empêchera point que le Roi
» de France, pendant le cours de sa
» vie, ne conserve la dignité Royale
» & ne recoive les revenus de sa cou-
» ronne. «

» Comme ledit Roi de France est
» empêché par sa maladie de vaquer
» au gouvernement de l'Etat, le Roi
» d'Angleterre sera dès ce jour-ci
» Regent du Royaume & le gouver-
» nera selon la justice & l'équité,
» avec le conseil des Princes, grands
» Seigneurs, Barons & Nobles dudit
» Royaume. «

» Dans les actes publics le Roi de
» France, en parlant du Roi d'An-
» gleterre, se servira de cette for-
» mule, *notre très-cher fils, Henri*

» *Roi d'Angleterre, héritier de France.* « »

Il faut observer que la Princesse Catherine que Henri épousoit, avoit deux sœurs aînées, vivantes & mariées, l'une au Duc de Bretagne & l'autre au Duc de Bourgogne ; qu'au deffaut du Dauphin & en supofant que les femmes pussent succeder à la couronne, ces deux Princesses auroient dû certainement hériter avant Catherine leur cadette.

» Après la mort du Roi Charles, » la couronne avec toutes ses dépen- » dances apartiendra au Roi d'An- » gleterre & à ses hoirs. «

C'est à dire que si Henri & Catherine mouroient sans enfans, la couronne de France passeroit aux freres de Henri ou à leurs héritiers.

» Quand le Roi d'Angleterre, ou » quelqu'un de ses hoirs, sera par- » venu à la couronne de France, les

» deux Royaumes de France & d'An-
» gleterre feront unis à perpetuité
» fous la domination d'un feul &
» même Prince ; il n'y aura point un
» Roi dans chaque Royaume ; mais
» un feul & même Roi fera fouverain
» dans les deux Royaumes, fans pour-
» tant foumettre l'un à l'autre ; les
» loix & les libertés de chacun des
» deux Royaumes feront confervées
» dans leur entier. «

» Vû les crimes commis par Char-
» les foi-difant Dauphin de Viennois,
» il eft accordé qu'on ne fera ni tréve
» ni paix avec lui que du confente-
» ment des deux Rois & du Duc de
» Bourgogne. »

Le bon fens faillit, dit du Tillet ;
*à tous ceux qui fignerent ce Traité ;
on y convient de la maladie du Roi &*
parconféquent qu'il étoit inhabile d
traiter & contracter, & mémement au

Recueil des Traités &c. pag. 323.

domage & totale éverfion de fa couronne, de laquelle il n'étoit qu'adminif-
trateur, non Seigneur ou propriétaire ;
& quand même il eut eu le plus clair &
le plus fain entendement du monde, il
n'eut pu priver de ladite couronne le
Dauphin fon fils auquel par loi ex-
preffe & fondamentale elle étoit affectée, ou devoit écheoir, fans titre d'hoi-
rie ; ainfi exhérédation, confifcation
ou indignité n'y pouvoient avoir lieu
pour crime ou cas que ce fut ; car en
France le Roi ne peut ôter à fon fils,
ou fon plus prochain, ladite couronne
s'il ne lui ote la vie ; encore lui mort,
elle viendra à fes defcendans mâles s'il
en a.

Il y a à cet égard une difference
entre les Princes du Sang & les particuliers ; un Prince du Sang ne par-
vient point à la couronne comme héritier, mais comme étant du Sang

auquel elle appartient ; ni le Roi ni la Cour des Pairs ni toute la Nation affemblée , ne peuvent lui oter un droit qui lui eft tranfmis intimement avec la vie & avec lequel il meurt , à moins qu'il ne foit devenu étranger à la nation & qu'il n'ait renoncé par quelque acte à être François. D'ailleurs en fupofant que Charles VI, atendu les prétendus crimes commis par le Dauphin , eut pu l'exclure de la couronne , pouvoit-il en priver les branches d'Orleans , d'Anjou , d'Alençon & de Bretagne ?

A ces obfervations j'en joindrai quelques autres que nos Hiftoriens n'ont point faites. Le bon fens & l'équité naturelle veulent que lorfqu'un crime a été commis , on commence par recevoir la plainte ; que fur cette plainte on informe ; que fur l'information on décrete , & qu'enfuite on juge l'accusé sur ses réponses, ou que l'on le condamne par contumace, s'il n'a point comparu.

Le Traité de Troyes est du 21 Mai 1420 ; Charles VI y nomme Henri héritier de la couronne & déclare qu'on ne fera ni paix ni tréve avec Charles soi-disant Dauphin, atendu les crimes qu'il a commis.

Preuves pour servir à l'hist. du Meurtre du Duc de Bourgogne. pag. 347.

Le 23 de Décembre suivant, c'est-à-dire sept mois après ce Traité, le Duc de Bourgogne comparoit en habit de deuil devant Charles VI & Henri, leur présente sa plainte & demande justice contre les assassins de son pere. Sur cette plainte, sur les remontrances de l'Université & des Députés de plusieurs villes, & sur les conclusions du Procureur Général, sans information de témoins, Charles VI après avoir dit que le feu Duc de Bourgogne qui aimoit tant l'Etat & qui l'avoit si bien servi, avoit été mauvaisement, traitreusement & damnablement tué sur le pont de Montereau par le Dauphin & ses complices, rend un arrêt par lequel, de l'avis des gens de son Grand Conseil, des Présidens & des gens Laiques de son Parlement & autres de ses Conseillers, il déclare que tous les complices dudit meurtre sont inhabiles & indignes de toutes successions directes ou collaterales & de tous honneurs, dignités ou prérogatives quelconques, & qu'ils ont en outre encouru toutes les peines & punitions portées par les loix contre les criminels de Leze Majesté.

L'information sur ce prétendu assassinat & les dépositions des témoins oculaires (Jean Seguinat, Guillaume de Vienne, Antoine de Vergi & Gui de Pontaillier) sont du mois d'Avril 1421.

Ibidem. pag. 271.

L v

Ainsi le 21 Mai 1420, sans avoir fait aucune procédure contre le Dauphin, on le dépouille de tous les droits que lui donne sa naissance ; le 23 Decembre suivant on reçoit la plainte contre lui ; on rend un arrêt qui le condamne comme criminel de Leze-Majesté, & le 10 d'Avril 1421 on informe & on entend les témoins sur le crime dont il est accusé : n'est-ce pas commencer par condamner un homme & lui faire ensuite son procès ? on ne dira pas que les témoins étoient prisonniers du Dauphin & qu'on n'avoit pu les entendre plutôt ; *Ibidem.* *pag. 243.* le journal prouve qu'ils étoient libres, & même dans Paris, lors de l'arrêt du 23 Décembre 1420.

Il faut encore remarquer que les dix Seigneurs qui avoient accompagné le Dauphin sur le pont de Montereau & les dix qui avoient accompagné le Duc de Bourgogne, étoient les feuls qui pouvoient dépofer comment l'action s'étoit paffée ; que les Dauphinois foutenoient que le Duc de Bourgogne avoit voulu tirer fon épée pour fraper le Dauphin ; que felon la jurifprudence de ces temps-là, lorfque le crime étoit douteux, on ordonnoit le combat entre les accufateurs & les accufés, & que les Dauphinois offroient ce combat pour prouver leur innocence,

On a vû que le Duc de Bourgogne après avoir fait affaffiner de nuit, dans une rue de Paris, le Duc d'Orleans, fon fuperieur & fon Seigneur par le fang, fit foutenir par Jean Petit *que tout vaffal & fujet faifoit une action méritoire en tuant un tiran, même par furprife & en trahifon, nonobftant tout ferment & tout engagement contracté avec lui, & fans atendre qu'il fut con-*

damné par un jugement. Le Parlement de Paris & l'Université condamnerent cette abominable doctrine en 1416; ils révoquerent cette condamnation, en 1418, à la sollicitation du Duc de Bourgogne, & lorsque ce méchant homme est tué, en 1419, sur le pont de Montereau, ils poursuivent & proscrivent le Dauphin. Tout le monde sçait à quelles extremités il fut réduit & que les Anglois, quand il prit le titre de Roi après la mort de son pere, l'apelloient par dérision *le Roi de Bourges*. Il étoit obligé, par une espece de honte, de s'enfermer pour prendre ses repas : Saintrailles étant venu lui parler d'une affaire qui pressoit, le trouva se mettant à table avec la Reine *& n'ayant tous les deux pour tout plat qu'une quëue de mouton & deux poulets*.

J'ai dit que Henri avoit employé

quatre années à se rendre maître de la Normandie, quoiqu'aucune armée ne se fut opposée à ses progrès & quoique favorisé par la diversion & les trahisons secretes du Duc de Bourgogne ; que le nouveau Duc de Bourgogne s'unit ouvertement à lui, l'amena à Paris, lui livrà cette capitale & plus de trente autres villes considérables. J'ai cité des traits de la férocité de ce Monarque Anglois à la bataille d'Azincourt & au siége de Rouen ; j'en pourrois citer plusieurs autres ; je me contenterai de raporter celui-ci : à l'attaque de Montereau, il avoit fait dix-huit gentilshommes prisonniers ; au bout de quelques jours, irrité de la vigoureuse résistance du Gouverneur qui s'étoit retiré dans le Château, il lui envoya dire que s'il ne se rendoit pas, il alloit faire pendre ces dix-huit gentils-

Rapin de Toiras, pag. 144 & 477.

hommes ; le Gouverneur répondit qu'il continueroit de faire son devoir & qu'il estimoit trop le Roi d'Angleterre pour le croire capable d'exécuter des menaces si contraires au droit de la guerre & des gens : sur cette réponse , Henri fit pendre les dix-huit gentils - hommes. Voilà ce Prince qui vouloit regner sur des François & à qui des historiens donnent les titres de *magnanime* , de *juste* , de *genereux* & de *conquerant*. Il mourut à Vincennes , le 31 d'Août 1422, d'un mal qu'on apelloit alors le mal S. Fiacre & qui n'étoit autre , dit-on, que la (1) fistule. Le fils qu'il laissoit

----

(1) Il paroit qu'on n'a sçu guérir ce mal que sous le regne de Louis XIV. Il produisoit ordinairement dans le sang une corruption si générale *qu'il sortoit* , disent les historiens, *une quantité prodigieuse de poux des yeux & des oreilles de Henri & que plus on en ôtoit , plus il en renaissoit.*

n'ayant que huit à neuf mois, il nomma les Ducs de Betford & de Glocefter, fes freres, l'un pour Regent en France & l'autre pour Protecteur en Angleterre, leur recommandant furtout de cultiver & de ménager foigneufement l'amitié du Duc de Bourgogne : il avoit raifon, car dès que ce Duc rentra dans fon devoir, c'eft-à dire dès que les François cefferent de combattre les uns contre les autres, les Anglois ne tarderent pas à être entierement chaffés d'un Royaume qu'ils avoient déchiré pendant plus de trois cent ans, à la faveur des fiefs qu'ils y poffédoient & des divifions & des troubles qu'ils y avoient fans ceffe excités ; il ne leur refta que Calais ; cette place avoit couté onze mois de fiége à Edouard III ; le Duc de Guife, en 1558, la reprit en huit jours ; on y trouva un

Guill.Para-din. amas prodigieux de canons, d'armes, de munitions de guerre & de bouche, & cette inscription sur une des *P. Daniel.* portes : *les François reprendront Calais quand le plomb nagera sur l'eau comme le liége.*

Dans l'histoire de ces guerres, outre les inconvéniens, les désordres & les maux inséparables du gouvernement féodal, on a du remarquer des époques aussi fatales que singulieres. Louis le jeune répudie Leonor d'Aquitaine ; six semaines après, elle épouse Henri Duc de Normandie, Comte d'Anjou, qui devient dans la suite Roi d'Angleterre & à qui elle porte en dot le Poitou & toute la Guyenne jusqu'aux Pirennées. Philippe de Valois, en 1346, à Creci, le Roi Jean, en 1356, à Poitiers, & le Connetable d'Albret, en 1415, à Azincourt, se trouvent dans les mêmes circonstances ; ils peuvent triompher des Anglois sans combattre ; ils les attaquent & sont battus. Philippe le hardi à qui le Roi Jean son pere avoit donné la Bourgogne, épouse l'héritiere du Comte de Flandres, & cette nouvelle branche de la famille Royale, en devient la plus cruelle & la plus dangereuse ennemie ; le Duc Jean, en 1416, conclut secretement le Traité de Calais par lequel il reconnoit Henri pour légitime Roi de France ; Philippe son fils qui avoit aussi signé cet infame traité, le confirme ouvertement, en 1419, sous prétexte de venger la mort de son pere ; il amene Henri à Paris, lui livre avec cette capitale plus de trente autres places & continue pendant seize ans à désoler sa patrie & à persécuter le chef de sa mai-

Acta publica. T. 4. pag. 171.

son ; enfin sur des griefs qu'il prétend avoir contre les Anglois, & rebuté depuis longtemps de l'arrogance naturelle à leur nation, il prend le parti de les abandonner ; mais comme ce n'est ni la vertu ni l'honneur qui le déterminent, il exige pour cesser d'être l'ennemi de sa patrie, qu'on lui cede plusieurs territoires, & c'est pour colorer la demande de cette cession qu'il soutient toujours que son pere a été indignement assassiné & qu'il s'obstine à vouloir que Charles VII en convienne dans le Traité. Charles étoit d'un caractere extremement doux, facile, compatissant & quoïque très * brave, il ne pensoit jamais qu'avec un saisissement d'horreur au sang qu'alloit faire répandre un siége ou une bataille ; il considere que la France est saccagée de-

* On le vit plus d'une fois monter le premier à l'assaut & combattre main à main avec l'ennemi.

puis vingt ans par une guerre civile
& étrangere ; que le falut du peuple
doit être la fuprême loi , & qu'en
pere de fes fujets il eft néceffaire qu'il
faffe ce qu'il ne feroit pas s'il n'étoit
qu'un fimple gentilhomme ; il fe
foumet donc à toutes les conditions
que lui impofe fon orgueilleux vaffal.
Rapin de Toiras obferve à l'occafion
de ce Philippe Duc de Bourgogne ,
furnommé le bon , *qu'il arrive quelque-*
fois que les éloges & les furnoms que l'on
donne aux Princes, s'accordent peu avec
leur véritable caractere. La reflexion
eft jufte : ce Philippe le bon étoit
fans foi, fans probité, d'une ambition démefurée & toujours occupé
des moyens de s'agrandir ; il ne fut
pas moins opreffeur , moins dur ,
moins injufte avec fes plus proches
parens qu'avec fon Souverain ; il

Tome 4.
pag. 263.

perfécuta indignement Jacqueline de
Baviere fa coufine & s'affura fa fuc-
ceffion de la façon la plus tirannique;
il dépouilla fon pupile, le jeune Comte
de Nevers, à qui le Brabant, le Lo-
thier , Limbourg & Anvers apar-
tenoient.

Fin de ces guerres.

CONFORMITÉS ET DIFFERENCES DANS LES MŒURS, USAGES ET COUTUMES.

Les Germains , dit Tacite , ont *De Morib. Germ. c. 15.* beaucoup de goût pour ne rien faire & une antipathie étonnante pour le repos.

Ils s'appliquent à bien choisir leurs *Ibidem; c. 30.* chefs & comptent moins sur l'armée que sur celui qui la commande.

Personne n'a droit d'être armé *Ibidem c. 13.* sans l'aveu de ses concitoyens : le Prince , le pere ou le plus proche parent du jeune homme en âge de porter les armes , l'introduit dans l'assemblée générale de la nation & lui donne solemnellement le javelot & le bouclier.

Anciennement en France le fils d'un noble , quand il avoit atteint

l'âge de quatorze ans, alloit à l'E-
glise ayant au cou un ceinturon avec
une épée : son pere & sa mere, chacun un cierge à la main, le condui-
soient à l'autel & le présentoient au
Prêtre, au moment de l'offrande : le
Prêtre prenoit l'épée, la bénissoit, la
rendoit au jeune homme qui la tenoit
nue pendant le reste de la Messe, &
la mettant ensuite à son côté, commençoit à jouir du droit de porter
cette marque d'honneur attachée à la
naissance.

En 1663, l'Evêque de *** s'avisa
de donner le nom de valet de chambre à son premier laquais & de lui
faire porter l'épée. Le lendemain la
garnison, allant au lever du Gouverneur, le trouva qui se faisoit faire la
barbe par un de ses gens en soutane
& avec un petit collet. Seroit ce depuis ce temps-là que tout vagabond,

tout faineant, l'homme le plus vil par sa naissance & souvent par ses mœurs, peut un matin en se levant choisir à son gré s'il portera désormais la marque de l'état le plus vénérable, ou celle de la noblesse, un petit collet ou une épée ?

Les Germains croyoient qu'il y avoit quelque chose de (1) divin dans une jeune fille.

A l'entrée de nos Rois dans une ville, c'étoit ordinairement une jeune fille qui les haranguoit & leur présentoit les clefs , marchant devant le Maire & les Echevins , vêtue de blanc , la chevelure flotante & couronnée de fleurs.

Il étoit de l'essence de l'ancienne Chevalerie d'avoir *sa Dame* à qui ,

____

(1) *Inesse quinetiam sanctum aliquid & providum putant.* Tacitus. c. 8. de Moribus Germ.

comme à un Etre fuprême , on ra-
portoit tous fes fentimens , toutes fes
penfées , toutes fes actions. On étoit
perfuadé que l'amour perfectionnoit
les ames bien nées & qu'il étoit *en-
trepreneur* de grandes chofes. *Ah ! fi
ma Dame me voyoit ,* difoit Fleuran-
ges , montant le premier à l'affaut.

Il eft rare que l'homme de courage ne regarde pas fa femme comme
un ami. Le poltron eft prefque toujours imperieux & tiran avec la fienne
& dans fon domeftique : un gueux a
un chien pour avoir un Etre fur qui
dominer.

Combien y a-t-il en France de
Couvents de Religieux mendians &
valides ? Deux mille , trois mille ,
quatre mille ? Je ne fçais. Combien
y a-t-il de maifons pour les pauvres Officiers & pour les foldats
eftropiés ?

eſtropiés ? Une. Quand fut-elle fon-
dée ? Sous la premiere Race ſans
doute ? Non, ſous la troiſiéme, par
Louis XIV, en 1671, environ douze
cent ans depuis Clovis, & pluſieurs
ſiécles après l'établiſſement des Carmes, des Cordeliers & autres. *Nos
Rois, dans pluſieurs Monaſteres de fon-
dation Royale, s'étoient réſervé le droit,
dit le P. Daniel, d'y placer un ſoldat
eſtropié qui avoit une portion monacale, &
qui étoit en même-temps obligé d'y rendre de certains ſervices, comme de balayer
l'Egliſe & de ſonner les cloches ; c'eſt
ce qu'on appelloit Moine-lay ou oblat.
Outre que cette mince fortune, ajoute-t-il,
aviliſſoit le ſoldat, la reſſource étoit bien
foible & bien petite pour le grand nombre
de ceux que la guerre mettoit par leurs
bleſſures hors d'état de ſubſiſter.*

Hiſt. de la milice Françaiſe. T. 2. p. 568.

Tome III.   M

Journ. de Trevoux. Mars 1716

Dans le douziéme siécle, un Moine de S. Medard de Soiffons, nommé Guernon, se voyant à l'heure de la mort, s'accusa publiquement d'avoir parcouru plusieurs Monasteres & d'y avoir fabriqué de fausses chartres en leur faveur.

❁

Un habitant de Padoue, au commencement du quatorziéme siécle, inventa le papier ; c'est une composition de vieux linge pillé & broyé par le moyen d'un moulin à eau & qu'on étend ensuite par feuilles : on ne commença de le connoître & de s'en servir en France, au lieu de parchemin, que sous le regne de Philippe de Valois.

❁

Mezeray. T. 2. p. 173.

Vers l'an 1125, un hérétique nommé Tanchelin, étoit en si grande vénération dans quelques provinces, qu'on buvoit de ses urines & qu'on

gardoit ses excremens comme des re-
liques ; l'argent qu'en retiroient les
principaux de sa secte , servoit à l'entretien de sa table qui étoit toujours
délicatement servie ; les peres & les
maris le prioient de coucher avec
leurs filles & leurs femmes.

Il n'étoit permis qu'aux Nobles
de mettre des girouetes sur leurs maisons ; on prétend même que dans
l'origine il falloit avoir monté des
premiers à l'assaut de quelque ville
& avoir planté sa banniere , ou son
pennon , sur le rempart. Les girouetes étoient peintes, armoriées & re-
présentoient les bannieres , ou les
pennons , de la Noblesse.

Un vieux proverbe disoit *que si le
diable sortoit de l'enfer pour se battre ,*
M ij

il se présenteroit aussitôt un François pour accepter le deffi.

❀

'A la mort d'un Chevalier qui s'étoit distingué par son integrité, son désinteressement & des actions d'eclat, les plus grands Seigneurs, les Rois même, ambitionnoient d'avoir son épée ou son cheval de bataille. Le Duc d'Orleans, frere de Charles VI, fit demander celle de Jean de Beaumont, Chevalier Breton ; il offrit en même-temps de donner à la fille de ce vaillant homme une dot assez considerable : elle se trouvoit absolument sans bien ; Guillaume de Rosnivinen l'épousa, refusa la dot & garda l'épée.

❀

Un Prince se dépouilloit & donnoit son habit au Heraut qui lui aportoit une nouvelle agréable. *La Reine, dit Jean Chartier, étant accouchée d'un fils le 4 Février 1435, le Roi*

(Charles VII) *dépêcha le Heraut, nommé Constance, pour en porter la nouvelle au Duc de Bourgogne ; de laquelle nouvelle ce Duc témoigna d'être fort joyeux & donna à ce Heraut cent Riders d'or & une robbe brodée dont il étoit alors vêtu.*

❈

Un Gaulois coupoit la tête à l'ennemi qu'il avoit tué, l'emportoit chez lui & la clouoit sur sa porte, surtout si cet ennemi avoit passé pour un homme redoutable: c'est aparemment d'où est venue la coutume de clouer sur la porte des châteaux un oiseau de proye ou la tête de quelque animal carnassier.

❈

Trois jeunes Gentilshommes Flamans étoient venus faire leurs études à l'Abbaye de S. Nicolas-au-bois ; Enguerrand de Couci les ayant un jour trouvés chaffant autour de fa forêt, les fit pendre. On difoit au Duc de Longueville que tous les Gentilshommes voifins de fes terres, y chaffoient fans ceffe & qu'il ne devoit pas le fouffrir : *J'aime mieux*, répondit-il, *avoir des amis que des lievres.*

La fable d'Acteon mangé par fes chiens, ne feroit-elle point l'emblême de tant de petits Seigneurs ruinés par leurs équipages de chaffe ?

Le Pape Jean XXII, l'an 1329, prêchant fur la vue de Dieu dont jouiffent les ames bienheureufes dans l'autre vie, avoit avancé que cette vue ne feroit entiere & parfaite qu'après la refurrection & le jugement dernier. Il envoya deux Legats en France pour y foutenir & y répandre cette opinion ; le Roi (Philippe de

(Valois) convoqua au Château de Vincennes tous les Maîtres en Théologie, tous les Evêques & Abbez qui étoient alors à Paris ; la décision unanime de l'assemblée fut, que depuis la mort de Jesus-Christ les ames des fideles jouissent dans le ciel de la vue parfaite de Dieu, apellée par S. Paul *de face à face*, & que cette vue demeurera la même après la resurrection générale. Philippe de Valois envoya cette decision au Pape & lui mandi qu'il le feroit bruler, s'il ne se rétractoit.

Hist. de Paris par D. Felibien & D Lobineau. T. 1. L 2. p. 588.

En 1471 , Louis XI desirant de mettre dans sa bibliotheque une copie du Livre du Medecin Rasis, emprunta l'original de la Faculté de Medecine de Paris & donna, pour sureté de ce Manuscrit , douze marcs d'argent , vingt livres sterlings & l'obligation d'un bourgeois pour la somme

Additions aux Mem. de Comines. T. 4. p. 39.

M iv

de cent écus d'or. Voilà un Roi qui donne non-seulement des gages, mais encore caution bourgeoise pour un livre qu'il emprunte dans son Royaume. On voit d'ailleurs combien il étoit difficile d'avoir des livres & combien ils étoient chers avant & même plusieurs années après l'invention de l'Imprimerie. Elle fut inventée à Strasbourg, ou à Mayence, en 1440 ; il s'établit des Imprimeurs à Paris en 1470 ; ils dédierent à Louis XI, cette même année 1470, un des premiers Livres qu'ils y avoient imprimés ; c'est l'année suivante, en 1471, qu'il emprunte un Livre pour en avoir une copie manuscrite. On prétend que vingt mille personnes en France subsistoient de la vente des Livres qu'elles copioient & que c'étoit une raison pour ne pas favoriser l'établissement de l'Imprimerie.

Le P. Daniel prétend que nos Rois ont eu de tout temps une garde; il cite Gregoire de Tours & une ancienne chronique. Gregoire de Tours *dit que le Roi Gontran se defiant de quelques-uns de la Cour de Fredegonde & ayant été averti qu'un certain Farolphe vouloit le tuer, se* (1) *précautionna & n'alloit plus sans gardes.* La vieille chronique raporte *que Philippe-Auguste ayant eu nouvelles que le Vieux de la Montagne avoit envoyé des* (2) *émissaires pour l'assassiner, prit conseil de se garder & choisit Sergens à masses qui jour & nuit étoient auprés de lui pour son corps garder.* Je crois qu'on doit

Hist. de la Milice Fr. T. 2. p. 92.

____

(1) *Armis se munivit. Nec penitùs ad loca sancta, nec alio, nisi vallatus armatis atque custodibus procedebat.* Lib. 7. c. 8 & 18.

(2) Ils croyoient, comme Jacques Clement, que s'ils périssoient en executant les ordres de leur chef, ils iroient tout droit en paradis.

conclure du récit de Gregoire de Tours , que les Rois de la premiere Race n'avoient point ordinairement de garde. Il me semble aussi que la vieille chronique prouve que Philippe Auguste est le premier Roi , dans la troisiéme Race , qui en ait eu une , & qu'ainsi le P. Daniel se trompe & est contredit par les autorités même qu'il cite.

On donnoit aux Rois le titre d'*Illustrissime* , de *votre Serenité* , *votre grace* ; l'usage de leur donner celui de *Majesté* , ne s'établit entierement que sous Louis XI , le Prince le moins majestueux dans toutes ses actions , ses manieres & dans son exterieur. Il n'avoit pas honte de paroître , aux plus grandes cérémonies , avec un pourpoint & une casaque d'une étoffe grossiere ; une calotte à oreilles & un bonnet, ordinairement très sale, sur lequel il attachoit de petites *Notre-Dame* de plomb : c'est ainsi qu'il se présentoit aux Ambassadeurs, affectant d'être assis dans un mauvais fauteuil, & ayant presque toujours quelque vilain chien sur ses genoux. On trouve dans les comptes de sa maison, un article de quinze sols pour deux manches neuves qu'on avoit mises à un de ses vieux pourpoints.

L'Historien Ferreras raporte que D. Juan, Roi de Castille, reçut, en 1434, les Ambassadeurs de France, assis sur un thrône magnifique & ayant à ses pieds un gros lion qu'il avoit aprivoisé.

Les Rois ne traitoient de *cousins* que ceux qui avoient en effet l'honneur d'être leurs parens ; ils écrivoient , *très cher & fidele ami* , aux Pairs , aux Grands Officiers de la Couronne & aux Cardinaux : ce n'eſt que depuis François I , & environ l'an 1540 , qu'ils ont commencé à avoir tant de couſins.

❃

Nos Reines alloient en litiere ou à cheval. Catherine de Medicis eſt la premiere qui ait eu un caroſſe. Le Premier Préſident de Thou en fit faire un , parce qu'il avoit la goute : ſa femme alloit dans Paris à cheval , en croupe derriere un Domeſtique. Ces caroſſes , ou coches , étoient faits comme le ſont ceux des Meſſageries , avec de grandes portieres de cuir qu'on abaiſſoit pour y entrer ; on n'y mettoit que des rideaux : s'il y avoit eu des glaces au caroſſe de Henri IV, peut-être n'auroit-il pas été tué ?

Baſſompierre, ſous le regne de Louis XIII, fut le premier qui fit faire un petit caroſſe avec des glaces. Pendant la minorité de Louis XIV, preſque tous les gens de la Cour, qui n'avoient point d'incommodités, alloient encor à cheval , & ſe préſentoient chez les Dames & aux aſſemblées & ſe mettoient à table avec leurs botines & leurs éperons. Le nombre des caroſſes qui ne montoit dans Paris, en 1658 , qu'à trois cent dix ou vingt , monte aujourd'hui à plus de quatorze mille.

Tous ceux qui ont écrit juſqu'à préſent pour ou contre le luxe , auroient dû le diſtinguer d'avec la magnificence ; c'eſt ce qu'ils n'ont point fait : la magnificence eſt eſſentielle à un Etat monarchique & néceſſaire dans les grands ; elle fait éclore, encourage & ſoutient les arts utiles & agréables ; ce n'eſt point l'orgueil, c'eſt un caractere noble qui la guide ; elle offenſe d'autant moins qu'elle ſçait œconomiſer pour pouvoir paroître avec plus d'éclat dans les occaſions qui en exigent. Le Luxe au contraire eſt inſultant parce qu'il eſt journellement & frivolement dépenſier ; c'eſt l'apetit & le triomphe des petites ames ; il naît & ſe nourrit de l'envie ridicule de paroître plus qu'on n'eſt, en s'égalant par l'exterieur à ceux qui ſont d'une condition audeſſus de la notre ; créateur & toujours avide de nouvelles ſuperfluités, il nous met hors d'état de ſoulager les véritables beſoins des autres ; on y devient inſenſible, & ſa faſtueuſe ivreſſe nous rend mauvais parens, mauvais amis, mauvais citoyens. Il entretient, dit-on, les manufactures & fait entrer des millions dans le Royaume par ces modes & ces superfluités qu'il invente sans cesse & qui se débitent dans toute l'Europe : eh bien, en supposant que l'argent vaut mieux dans un Etat que des mœurs, tolerons cette sorte de luxe ; mais est-il concevable que le gouvernement ne s'éveille pas enfin sur le nombre prodigieux des Laquais ! depuis 1720, il a augmenté insensiblement de près des deux tiers dans la capitale & dans les provinces : premierement, parce qu'il n'y a pas aujourd'hui de moyenne bourgeoise qui ne veuille avoir une espece de laquais ; sa mere n'avoit qu'une servante : secondement, parce qu'il n'y avoit dans les plus grandes maisons que deux laquais pour *Madame*, & un valet de chambre & deux laquais pour *Monsieur*;

au lieu qu'il faut aujourd'hui deux valets de chambre & trois laquais pour *Madame*, & autant de valets de chambre & de laquais pour *Monfieur* : troifiémement, parce que l'on fe contentoit d'une fimple cuifiniere & d'une femme pour l'office ; aujourd'hui c'eft un cuifinier avec fes aides de cuifine & un officier avec fes garçons d'office. Joignez à cette augmentation celle des caroffes & par conféquent des cochers, & vous verrez que par une dépopulation fuccef-five des campagnes d'année en année, il n'eft pas poffible que la troifiéme génération y fourniffe la feptiéme partie des hommes néceffaires à la marine & à l'agriculture.

Un grand Seigneur peut être dif-tingué dans le public, en n'ayant qu'un laquais derriere son carosse, mais un Page sur le devant ; ce Page qui servira à le faire distinguer, procurera en même-temps un bien en ce que, par vanité même, ces hommes d'or & qui n'ont d'autres titres que leurs richesses, ne voudront plus avoir derriere leurs carosses trois ou quatre valets qui ne serviroient alors qu'à les faire mieux remarquer & qu'à rendre leur faste plus ridicule, n'ayant pas de Page. A l'égard des Magistrats, je pense que dans un carosse simple & dont la couleur leur seroit affectée, ils s'atireroient bien mieux la considération publique, que dans ces carosses dorés, chargés de valétaille, & dont l'éclat ne s'accorde ni avec la modestie de leurs vêtemens ni avec la gravité de leur état.

Gilles le Maitre, Premier Préfident du Parlement fous Henri II; ftipuloit dans le bail qu'il paffoit avec les fermiers de fa terre près de Paris, *qu'aux quatre bonnes fêtes de l'année & au temps des vendanges, ils lui ameneroient une charette couverte & de la paille fraîche dedans pour y affeoir fa femme & fa fille; & qu'ils lui ameneroient auffi un anon ou aneffe pour monture de leur chambriere* : il alloit devant fur fa mule, accompagné de fon clerc à pied.

François de Montholon, Garde des Sceaux, avoit accompagné François I à la Rochelle où il y avoit eu une fédition ; ce Prince lui fit préfent de l'amende de deux cent mille livres à laquelle il condamna les Rochellois ; Montholon la leur remit, à condition qu'ils feroient bâtir dans leur ville un hôpital pour les malades.

Il logeoit, avec toute sa famille, au coin de la rue S. André des arts & de la rue Gillecœur, dans une maison où il n'y avoit qu'une salle & une petite cuisine au rez-de chaussée ; deux chambres au premier étage ; deux au second, & un grenier au troisiéme.

On trouva cinquante mille écus chez un Juif, mort à Paris sans famille & sans enfans ; Henri III fit présent de la moitié de *cette aubaine* à Geoffroy Camus de Pontcarré ; ce Magistrat envoya chercher trois négocians qui s'étoient nouvellement associés & qui venoient d'être ruinés par un incendie, & leur fit don de ces vingt-cinq mille écus. Sa femme regardoit comme luxe & ne voulut pas porter une paire de bas de soie qu'une de ses tantes, mariée à la Cour, lui avoit envoyée pour étrennes.

Jamais Roi n'avoit mis tant de taxes & n'avoit fait plus de depenfes inutiles & frivoles que Henri II ; cependant dès qu'on apprit la nouvelle de la bataille de S. Quentin ; les bourgeois de Paris s'affemble- rent & donnerent d'eux-même cent mille écus ; chaque Seigneur un peu confidérable dans le Royaume, of- frit d'y fortifier & d'y défendre une Place à fes dépens ; le Maréchal de Briffac écrivit à ce Prince pour le prier d'accepter tous fes revenus ; ne fe refervant que deux mille livres par an pour l'entretien de fa famille. Deux ans après, lorfqu'on fçut que ce même Henri II, trompé par les fauffes confidérations de fon confeil, avoit envoyé ordre à fes Plénipo- tentiaires de figner la paix du Ca- teau-Cambrefis, la plûpart des vil- les, quoiqu'accablées d'impôts, lui écrivirent qu'elles étoient prêtes à lui fournir de nouvelles forces & de nouvelles contributions, s'il vouloit ne pas ratifier un Traité qui faisoit perdre à la France tant de conquêtes & qui avoit couté tant d'argent & tant de sang. Tels étoient les François, & dans quel temps? Lorsque leurs mœurs étoient aussi corrompues qu'elles l'ayent jamais été, mais leur caractere n'étoit pas dépravé. La corruption des mœurs est à peu près égale dans tous les siecles ; c'est la dépravation du caractere d'une Nation qui présage sa décadence ; j'appelle dépravation dans son caractere, lorsqu'elle n'a plus cet orgueil pour son nom, cet amour, cet estime pour elle-même ; sources continuelles d'émulation, de force & d'harmonie dans l'Etat.

On ne sçauroit inspirer aux jeunes gens trop d'estime pour leur Nation, s'il est vrai que plus on chérit & l'on estime sa famille, plus on est éloigné de toute lacheté.

❋

Notre histoire nous présente sans cesse les plus grands exemples d'humanité, de desinteressement, de courage & d'un empressement général à courir à la gloire ; pourquoi dans les Colléges ne nous pas citer ces exemples ? Les belles actions des Grecs & des Romains ne frapent que notre esprit & n'excitent que notre admiration ; celles de notre nation imprimeroient dans notre ame un sentiment plus vif, l'émulation.

❋

L'honnête homme s'interesse d'autant plus à ses concitoyens, qu'il les regarde comme des témoins de la façon dont il a toujours vêcu : le mal-honnête homme & l'homme de néant qui a fait fortune, souhaitent une mortalité, une peste.

Nous avons vû de nos jours ce que nos peres n'auroient jamais imaginé ; nous avons vû des François qui sembloient en écrivant n'avoir d'autre objet que d'inspirer du mépris pour les femmes. Nous avons vû d'autres François nous déprimer sans cesse pour exalter un peuple voisin.

Nos ancêtres chaffoient des assemblées & des Tournois ceux qui étoient accusés d'avoir mal parlé des femmes. Ce n'étoit pas seule-

ment par humanité , ou par galan-
terie, qu'ils en ufoient ainfi , mais
encore par politique ; ils étoient
perfuadés que plus les femmes fe
voyent refpectées , plus elles s'atta-
chent à fe rendre refpectables ; qu'un
Gouverneur peut cultiver notre efprit ; qu'à l'égard de notre caractere , ce font elles qui le forment
dans cet âge où le plus doux des
penchans nous preffe de leur offrir
les prémices de notre cœur ; que
tel qui fe diftingue par l'élévation de
fes fentimens , n'auroit peut - être
jamais eu qu'une ame commune , fi
le defir de leur plaire n'avoit pas
éveillé fon amour propre.

La ville de Falaife étoit dans le
parti de la Ligue ; Henri IV l'avoit
affiegée ; on alloit donner l'affaut ;

la

la Chenaye , un marchand , étoit amoureux & aimé d'une fille de son état ; il lui proposa un moyen qu'il imaginoit pour sortir de la ville & la mettre en sureté : comme je suis persuadée , lui répondit elle , que vous ne pensez à abandonner vos compatriotes lorsqu'ils vont combattre , que parce que vous tremblez pour moi , la proposition que vous me faites ne vous ôte ni mon estime ni mon amour , & pour vous le prouver , je suis prête à unir ma destinée à la votre ; venez , je vais vous donner ma foi , mais ce sera sur la breche. Elle marche, en prononçant ces mots ; les représentations , les craintes , les larmes de son amant sont vaines ; elle arrive au rempart : *l'un & l'autre, dit Mezeray, combattirent avec tant de courage que Henri IV, admirateur des belles actions , commanda qu'on*

Tome III. N

leur fauvât la vie , s'il étoit poffible ; mais la Chenâye ayant été tué
d'un coup de fufil , fa maitreffe refufa quartier & continua de combattre
jufqu'a ce que fe fentant bleffée à
mort , elle s'approcha du corps de fon
amant pour mêler fon fang avec le
fien & mourir en le tenant embraffé.

· Chez une nation où les femmes
ne feront que belles , le goût dans
les arts agréables n'acquerra jamais
un certain degré de perfection : ce
font les graces qui l'infpirent , le
guident , le forment & l'éclairent.

Les *Bardes* , chez les Gaulois,
étoient les Poëtes & jouiffoient d'une
grande confidération ; ils marchoient
à la tête des armées , chantant des
chanfons à la gloire de la nation &

de ceux qui s'y étoient le plús diftingués par leur valeur & en prodiguant leur fang pour la patrie. Sous la premiere, la feconde & affez avant fous la troifiéme Race, on chantoit auffi de femblables chanfons, en fe rangeant en bataille & en attendant le fignal, ou le (1) cri de guerre, pour fondre fur l'ennemi.

Il n'eft pas douteux que les chanfons militaires, ou *grivo.fes*, diftraient & délaffent l'efprit du foldat au milieu des fatigues ; qu'elles l'amufent dans les marches & qu'elles entretiennent dans le camp une gaieté martiale & néceffaire. Si les Au-

─────────────

(1) *Mont-joye S. Denis* étoit le cri général des François en allant à la charge ; chaque Seigneur Banneret avoit auffi fon cri particulier qui fervoit à rappeller fes vaffaux fous fa banniere.

N ij

moniers de l'armée s'avifoient de les défendre, que diroit le Général ? La Tragédie & la Comédie ne font pas moins utiles dans les villes ; elles adouciffent les mœurs, purgent les paffions, peignent les égaremens où elles peuvent entrainer, tachent de rendre le vice odieux & de corriger les travers & les ridicules.

Les caracteres criminels font dans la compofition d'une Tragédie, comme les poifons dans la compofition des remedes de la medecine.

On cultive, on exerce la mémoire des jeunes gens afin de la fortifier ; il me femble qu'il eft encore plus intereffant d'exercer, d'habituer leur ame à la pitié par des fcenes pathétiques & touchantes : l'homme le plus vertueux eft celui dont l'ame

est la plus inquiete à la vue de son sem-
blable dans la misere.

❁

Un Religieux contracte ordinairement dans le cloître une dureté
d'ame & d'esprit qui le rend peu compatissant ; il ne soulage gueres les
malheureux que par devoir ; l'homme du monde les soulage par sentiment : j'honore l'un, j'aime l'autre.

❁

Je m'arrête & me divertis à regarder deux animaux qui jouent ensemble ; je conçois de l'antipathie
pour l'homme qui les agace l'un
contre l'autre & qui se plaît à les
voir se déchirer.

❁

Luther aimoit la Poësie & la cul-
tivoit avec succès ; s'il n'av oit jamais

fait que des vers , quatre ou cinq
millions d'hommes ne fe feroient pas
égorgés.

❀

L'Abbé de S. Pierre , dans un
de fes réves , prétend qu'il falloit peu
à peu laiffer anéantir les Ecoles de
Théologie , afin d'éteindre les difputes fur des myfteres impénétrables &
que l'efprit humain doit adorer fans
chercher vainement à les aprofondir
& à les expliquer. Le Cardinal de Ri-
chelieu eft , felon lui , très blamable
pour avoir rétabli à grands frais le
Collége de Théologie de Robert de
Sorbonne, où les jeunes Eccléfiafti-
ques aprennent , dit-il , à difputer
avec aigreur & avec un orgueil opi-
niatre fur des queftions de Théologie de pure fpéculation : permettre
les difputes, ajoute-t-il, & fonder
des Ecoles pour difputer de Théolo-

Annales politiques. T. 1. p. 38.

gie, c'eſt permettre aux hommes de travailler à troubler les conſciences, à ſomenter des erreurs, des ſchiſmes, des héréſies & des partis dans l'Etat, ce qui eſt très-oppoſé à la ſaine politique dont l'objet eſt d'entretenir la concorde & la tranquillité.

❁

Nous reconnoiſſons, nous convenons aiſément que nous nous trompions, quand la diſpute n'a roulé que ſur des choſes qui ne concernoient pas notre profeſſion ; mais ſur celles que nous ſommes cenſés avoir étudiées & ne devoir pas ignorer, nous dépouillons-nous aiſément de notre orgueil ?

❁

Les actions de nos Tragédies ſont pathétiques & terribles ; celles des

Tragédies des Anglois font atroces. C'eft une regle parmi nous de ne point enfanglanter la Scene ; chez eux, plus elle eft enfanglantée, plus il y a d'hommes & de femmes qui s'y égorgent, plus la Piece eft aplaudie ; on y voit des potences, des échaffauts ; on y met fous les yeux du fpectateur les objets les plus horribles : un mari qui difcourt avec fa femme, qui la careffe & l'étrangle : une fille toute fanglante, à qui l'on a coupé la langue & les mains après l'avoir violée. Il n'eft pas douteux que les arts agréables ne réuffiffent chez un peuple qu'autant qu'ils en prennent le génie & qu'un Auteur dramatique ne fçauroit efperer de plaire fi les objets & les images qu'il préfente ne font pas analogues au caractere, au naturel & au goût de fa nation ; on pourroit donc conclure de la différence des deux Théâtres,

que l'ame d'un Anglois est sombre,
feroce, sanguinaire & que celle d'un
François est vive, impatiente, em-
portée, mais généreuse même dans
sa haine ; idolatrant l'honneur & ne
cessant jamais de l'apercevoir malgré
le trouble & toute la violence des
passions ; d'ailleurs prompte à s'a-
tendrir & à déposer sa fierté, sa fureur à la vue du sang de son ennemi.

❂

Dans nos Comédies, l'amour est
un sentiment tendre, délicat, honnête ; dans celles de Anglois, c'est
un desir grossier, brutal, impudent ;
on s'y croit souvent transporté dans
un lieu de débauche ; ce qui seroit
encore une preuve de la ferocité de
la nation : l'homme feroce n'a que
des sens.

❂

N 2

Que votre fils & votre fille lifent
& relifent tous les jours Corneil'e ;
interrogez les & les inftruifez fur les
détails & l'intérêt de chaque Scene :
je doute que vous puiffiez leur donner une meilleur éducation.

Corneille , s'il fût né dans l'ancienne Rome , eut été le premier de
la République ; la carriere des grandes dignités y étoit ouverte à tous
les citoyens & l'on pouvoit y être
foi-même l'artifan de fa fortune : dans
un Etat Monarchique , il faut des
protecteurs à la Cour & fouvent le
vrai mérite eft trop modefte pour en
efperer ou trop fier pour en chercher.

Je fuis étonné que tant d'Auteurs
qui ont écrit fur notre Théâtre, fur

son origine & ses progrès, n'ayent pas remarqué que la Comédie parmi nous a été, pendant assez long-temps, un des organes de la politique, comme elle l'avoit été chez les Atheniens; la Cour engageoit les Poëtes comiques à traiter les matieres concernant l'Etat & à parler des circonstances où se trouvoit le Royaume, afin de disposer le peuple à la levée des impôts en le prévenant, l'animant & l'échauffant sur la justice & la nécessité des guerres qu'on entreprenoit ; j'en pourrois citer plusieurs exemples ; je ne rapporterai que celui-ci : Louis XII faisoit la guerre à Jules II qui l'avoit indignement trompé & qui de plus eut l'audace de renouveller les extravagantes prétentions de quelques-uns de ses prédécesseurs sur le temporel des Rois : on représenta aux

N vj

Halles à Paris, le Mardi gras 1511, une Piéce où ce fougueux Pontife étoit joué sous le nom du *Prince des sots*, accompagné de *Mere sotte* qui vouloit se faire passer pour l'Eglise.

MERE SOTTE.

La thiare en tête, vêtue des habits Pontificaux, & dessous, habillée en Mere sotte.

Si deussai-je de mort mourir
Ainsi qu'Abiron & Dathan,
Ou damnée être avec Satan,
Si me viendront-ils secourir ;
Je ferai chacun accourir
Après moi & me requerir
Pardon & merci à ma guise,
Le (1) temporel veux acquerir
Et faire mon nom florir,

Recherches sur les Théâtres. A Paris, chez Frault pere, 1735 avec privilege.

---

(1) Allusion aux prétentions de Jules II sur le temporel des Rois.

En bref voilà mon entreprise.

Je me dis Mere Sainte Eglise,

Je veux bien que chacun le note;

Je maudis, j'anathématise,

Mais sous l'habit pour ma devise

Porte l'habit de Mere sotte.

Bien sçais qu'on dit que je radotte

Et que suis folle en ma (1) vieillesse;

Mais * grumeler veux à ma (2) porte   * Grondez.

Mon (3) fils le Prince en telle sorte

Qu'il diminue sa noblesse.

. . . .

Elle tache dans une autre Scene d'attirer les Seigneurs François dans son parti, mais voyant qu'elle n'y peut réussir, elle adresse la parole à

---

(1) Jules II étoit alors âgé de plus de soixante-dix ans.

(2) Jules II menaçoit de jetter un interdit sur le Royaume & de citer Louis XII, le Clergé de France & le Parlement de Paris, à comparoitre devant lui.

(3) Les Rois de France, fils aînés de l'Eglise.

ceux du Clergé qu'elle a féduits & leur dit :

> Prélats, debout, allarme, allarme,
> Abandonnez Eglife, Autel,
> Que chacun de vous foit bien * farme,
> Que l'affaut aux Princes on donne,
> J'y veux être en (1) propre perfonne,
> . . . .
> A l'affaut, Prélats, à l'affaut.

*Ferme.

Les Prélats attaquent les Seigneurs François qui les repouffent & les chaffent du Théâtre après les avoir bien battus. On examine enfuite de plus près *Mere fotte* ; on reconnoit qu'elle n'eft point l'Eglife ; on fe mocque d'elle & on lui ôte la (2) thiare & les habits Pontificaux qu'elle profanoit.

---

(1) Jules II endoffa la cuiraffe & fe montroit à la tranchée, le cafque en tête.

(2) Allufion au Concile affemblé à Pife pour juger Jules II & le dépofer.

Philippe de Comines raporte *que* *Charles VIII* avoit établi une au- T.2.p.759. diance publique où il écoutoit tout le monde & surtout les pauvres ; il ne se faisoit pas , ajoute-t il , *grandes expéditions à cette audiance , mais au moins étoit-ce tenir les gens en crainte & principalement ses Ministres & ses Officiers , dont aucuns avoit suspendus pour pillerie.*

Le Chancelier de l'Hopital, dans une harangue à l'ouverture des Etats généraux de 1561 , dit *que le bon Roi Louis XII prenoit plaisir à ouir jouer Farces & Comédies , même celles qui étoient jouées en grande licence , disant que par là il aprenoit beaucoup de choses qui étoient faites dans son Royaume & qu'autrement il n'eut pas sçues.*

Je pense qu'il est très utile qu'un Roi voye souvent la Comédie ; elle est l'image de la vie commune &

par conséquent des vices, des vexations, de la mifere & des maux qui
fe gliffent dans les differentes claffes
de l'Etat. Ses peintures, me dira-
t-on, ne font que générales ; elle ne
nomme pas ; j'en conviens ; mais
du moins un Roi fçait que telle corruption, tels abus de fon autorité,
telles petites tirannies exiftent ; il le
fçait & c'eft beaucoup.

On va repréfenter une piece ; un
homme demande fi elle eft en vers
ou en profe ; on lui répond qu'elle
eft en profe ; auffitôt cette piece diminue de mérite dans fon imagination. Le célebre Nericault Deftou-
ches penfoit bien différemment & fa
décifion doit avoir d'autant plus de
poids, que fes pieces font prefque
toutes en vers & qu'il n'avoit donc
aucun intérêt à prendre le parti de la
profe : *Je fçais*, dit-il dans une Lettre

à un jeune Auteur, *qu'il est moins facile de faire réussir une piece en prose qu'une piece en vers, parce que la versification donne du relief aux choses les plus communes & souvent à de pures fadaises &c.* En effet ne changez pas un mot, décomposez seulement & mettez en prose telle Scene qui vous a paru si brillante en vers, vous serez étonné de l'illusion que la mesure & la rime vous ont faite & de l'air de pensée, de sentence & de maxime qu'elles ont donné, comme le dit Destouches, a des idées souvent triviales & rebatues. On sçait gré, dira-t-on, à un Auteur d'avoir surmonté la difficulté qu'il y a à faire une piece en vers ; mais un Auteur, répondra-t-on, qui s'est habitué de jeunesse à faire des vers, versifie souvent avec plus de facilité qu'il n'écriroit en prose. En un mot il n'est

pas douteux que pour réparer le dé-
favantage de la profe , il eft néceffaire de la tourner , de la couper,
de la rendre vive , précife & de la
femer de plus de traits qu'il n'en fau-
droit pour faire réuffir la même piece
fi on l'avoit écrite en vers.

J'ai vû , dit C. Julius Vindex dans
une harangue aux Gaulois pour les
animer contre Neron , *j'ai vû cet
homme infame, en habit de Comédien,
chanter des vers fur le Théâtre , faire
le rôle d'un efclave , celui d'une cour-
tifane , être chargé de fers , devenir
enceinte & accoucher.* Il paroît par ce
paffage de Suetone , & par differens
paffages de Lucien , que fur le Théâtre Romain il n'y avoit point de
femmes & que c'étoient des hommes
qui en jouoient les rôles ; cepen-

dant Pline parle d'une certaine Luceja *Lib.7.c.48.* qui montoit encore fur le Théâtre à l'âge de cent ans.

Le fameux Rofcius étoit très-louche : *Erat perverfiffimis oculis.* *Cic.de orat.*

Raimond Poiffon, Comédien de l'Hôtel de Bourgogne, étoit excellent par fon jeu naturel, mais il bredouilloit & n'avoit point de gras de jambe ; il imagina de mettre des botines ; fon fils & fon petit-fils avoient hérité de fon jeu naturel, de fon bredouillement & de fes botines.

Nos Hiftoriens fe font rarement attachés à nous laiffer des détails fur les anciens ufages ; ils n'en parlent qu'en paffant ; le procès-verbal qu'on va lire & que j'ai copié d'après un manufcrit de la Bibliotheque du Roi, contient les formalitez que nos Rois, & les autres Princes de l'Europe, obſervoient avant que de commencer la guerre ; elles ont quelque raport avec la façon dont les Romains la dé‑claroient ; le Sénat envoyoit un Fecial ſur la frontiere de la nation contre qui elle étoit réſolue, & ce Fecial, apellant trois hommes pour être témoins, lançoit un dard dans le territoire de cette nation.

Jean Gratiolet, commis à la charge de Heraut d'Armes de France au titre d'Alençon, en vertu de la commiſſion donnée à S. Quentin ſous le ſcel ſecret, le 12 du préſent mois de Mai 1635, ſigné Louis, *& plus bas, par le Roi,* Servien, *certifie à tous qu'il apartiendra, être parti de Neuf‑chatel ſur Aine le 12 deſdits mois & an, & m'être acheminé aux Pays‑Bas pour trouver le Cardinal Infant d'Eſpagne, & ayant appris qu'il étoit*

à Bruxelles , je me suis rendu le 19
du préfent mois , fur les neuf heures
du matin , à la porte de ladite ville ,
apellée la porte de Hau , accompagné
de Gratien Eliſſavide , trompette ordinaire du Roi , & ayant pris ma cotte
d'armes au titre d'Alençon , la toque
& le bâton en telle action requis , je
me suis arrêté environ à deux cent
pas de la porte , tandis que ledit trompette étoit allé proche d'icelle faire
les chamades à la maniere accoutu-
mée ; & ledit trompette ayant vû
quatre ou cinq hommes qui faiſoient
la garde à ladite porte , il ſe feroit
adreſſé à un d'iceux , lui diſant qu'il
conduiſoit un Heraut d'Armes du Roi
ſon Maître vers le Cardinal Infant ;
& cet homme étant allé parler au Sergent-Major de ladite ville & ledit
Sergent étant venu me trouver , je
l'aſſurai que j'étois venu pour parler
audit Cardinal Infant : lors ledit

Sergent-Major s'en retourna dans la ville avertir ledit Cardinal de mon arrivée, & étant revenu sur les douze heures, il me dit que ce Prince avoit promis de me donner audiance & l'avoit chargé de me mener chez lui en attendant l'heure qu'il me la pourroit donner ; ledit Sergent-Major me priant à cette fin de vouloir entrer dans la ville sans l'habillement de Heraut, lequel je lui déclarai ne pouvoir quitter : il avoit avec lui le Roi des Herauts d'Armes des Pays-Bas (Toison d'or.) Etant arrivé en leur compagnie au logis dudit Sergent-Major sur la place du Sallon, icelui Sergent-Major retourna au Palais du Prince pour sçavoir l'heure où je pourrois être mené devant lui ; il ne revint qu'à deux heures après midi & m'assura que je serois oui dudit Prince, mais qu'il étoit empêché au Conseil à cause de son départ qui seroit sur les quatre heures , pour aller coucher à Louvain ; quoique ledit Sergent-Major , le Roi des Hérauts & plusieurs personnes m'eussent assuré que ledit Cardinal Infant ne devoit partir que le Lundi 21. Voyant ces longueurs , je pressai ledit Sergent-Major de me dire si je devois esperer d'être oui dudit Cardinal Infant ; m'en ayant assuré , il retourna pour la troisiéme fois au Palais dudit Prince pour en sçavoir précisément l'heure. Cependant il vint deux autres Hérauts dans le logis où j'étois , l'un du titre de Hainaut & l'autre de Gueldres , qui me tinrent plusieurs discours sur la couleur de ma cotte d'armes & sur la façon dont je me tiendrois en parlant au Prince ; je leur répondis qu'ils me fissent seulement dépêcher promptement & qu'ils demeureroient satisfaits de leur curiosité. Sur les six heures après midi ledit

Sergent-Major revint avec un homme
envoyé pour me demander si j'avois
Lettre, ou autre papier, à donner à
leur Prince ; je dis avoir répondu à
cette demande que l'on m'avoit faite.
dès le le matin ; ils continuerent de
me dire que si j'avois bonne commission pour parler audit Prince, il falloit la montrer ; je répondis que ma
commission étoit ce que je devois dire
& que je ne la pouvois montrer qu'en
parlant audit Prince ; ensuite on me
demanda si j'avois un émail marqué
de ma charge & si j'avois observé les
formalités en entrant dans les Pays-
Bas ; je dis à tout cela que puisqu'on
m'avoit empêché de parler au Cardinal Infant par tant de remises, j'al-
lois montrer l'effet de mon pouvoir ;
alors tirant de ma poche la Déclaration
que je devois faire audit Cardinal Infant & voulant la donner audit Envoyé, il dit n'avoir charge de rien
prendre

prendre & s'enfuit ; le Sergent-Major s'évada aussi d'un autre côté ; je sortis donc du logis avec les trois Heraults susdits , & étant remonté à cheval , je leur dis de recevoir ladite Déclaration ; ils me dirent qu'ils ne le pouvoient , me priant d'atendre encore quelque temps & que ces Messieurs reviendroient ; mais sept heures étant sonnées sans qu'ils revinssent , je dis aux Heraults , tenant en mes mains ledit papier , que c'étoit la Déclaration que je devois faire de la part du Roi mon Maître au Cardinal Infant , & jettai ladite Déclaration à leurs pieds , devant le logis dudit Sergent-Major , sur la place du Sablon ; alors lesdits Heraults commencerent à crier au peuple qui étoit là assemblé , qu'il ne touchât point à ce papier : le contenu d'icelui étoit : ″ Le Herault ″ d'Armes de France au titre d'A- ″ lençon , soussigné , certifie à tous

» qu'il apartiendra , être venu aux
» Pays-Bas de la part du Roi fon
» Maître , fon unique & fouverain
» Seigneur , pour trouver le Cardinal
» Infant d'Efpagne & lui dire que
» puifqu'il n'a pas voulu rendre la
» liberté à Monfieur l'Archevêque de
» Tréves , Electeur de l'Empire , qui
» s'étoit mis fous la protection de Sa
» Majefté , lorfqu'il ne pouvoit la re-
» cevoir de l'Empereur ni d'aucun
» autre Prince ; & que puifque con-
» tre la dignité de l'Empire & le
» droit des gens , il retient prifon-
» nier un Prince fouverain qui n'a-
» voit point de guerre contre lui , Sa
» Majefté lui déclare qu'elle eft réfo-
» lue de tirer raifon par les armes de
» cette offenfe qui intéreffe tous les
» Princes de la chrétienté.

Et foudain après avoir jetté ladite
Déclaration , j'ai traverfé parmi la
foule du peuple ladite place du Sablon,

& suis sorti par la porte de Hau pour me retirer en France. Etant arrivé vers les neuf heures du matin, le 21 des présens mois & an, sur la fron- tiere des Pays-Bas, au village appellé Rouilli, ayant un poteau à la main, je l'ai planté sur le grand chemin d'A- vesnes à la Capelle du côté d'Estreu- le-Cauchi, autre village des Pays- Bas; auquel poteau j'ai attaché co- pie de ladite Déclaration, & ayant rencontré un paysan qui sortoit de l'E- glise, je lui ai dit que j'avois attaché ledit placard de la part du Roi mon Maître contre le Cardinal Infant d'Es- pagne & qu'il eut à en avertir le Mayeur, ou quelque autre Magistrat du lieu; & ledit paysan ayant apellé ledit Mayeur & me l'ayant montré, j'ai fait audit Mayeur la même certi- fication, & l'ai vû, avec autres per- sonnes, s'acheminer vers ledit poteau: le susdit Elissavide, Trompette ordi-

naire du Roi, faifant les chamades ac-
coutumées. Ce que nous certifions vé-
ritable lefdits jour & an.

Il femble que les temps des grands crimes, le foyent auffi des grandes vertus : pendant les guerres civiles fous les regnes de Charles IX & de Henri III, on remarque à chaque inftant des traits de la plus grande magnanimité.

Ayeul de Madame de Main-tenon. D'Aubigné *, un des chefs du parti Huguenot, faifoit la guerre en Saintonge ; il tomba dans une embufcade & fut fait prifonnier ; il obtint de S. Luc qui commandoit les troupes Catholiques dans cette province, la permiffion d'aller paffer quelques jours à la Rochelle fur fa parole. A peine étoit-il parti que S. Luc reçut ordre de la Cour de le faire transferer à Bordeaux, bien lié & bien gardé : il n'étoit pas douteux que Catherine de Médicis & le Duc d'Epernon vouloient le sacrifier à leur vangeance ; il les avoit mortellement offensés par des Satyres d'autant plus piquantes qu'elles étoient vraies. S. Luc qui l'avoit fait avertir secretement de ne pas revenir, fut très-étonné & très-fâché de le voir arriver : Monsieur, lui dit d'Aubigné, je viens me remettre entre vos mains conformement à la parole que je vous en avois donnée & parce que d'ailleurs, si je ne l'avois pas tenue, je vous aurois compromis avec une Cour soupçonneuse & vindicative ; je sçais que ma mort y est résolue ; mes ennemis satisferont leur haine ; j'aurai satisfait à ce que je devois à l'honneur & à la reconnoissance. L'action tant vantée de Regulus est-elle plus belle ?

Guitaut, Lieutenant de Roi des Isles de Rhé & d'Oleron, fut pris par les Rochelois ; ils menacerent de le jetter à la mer si l'on transferoit d'Aubigné à Bordeaux ; ainsi S. Luc eut un prétexte pour le garder & pour lui sauver la vie.

En 1590 , le parti de la Ligue en Languedoc demanda des troupes au Roi d'Espagne : sur la nouvelle de leur débarquement, Barri de S. Aunez , Gouverneur pour Henri IV à Leucate , en partit pour aller communiquer un projet au Duc de Montmorenci Commandant dans cette province ; il fut pris en chemin par les Ligueurs qui marcherent aussitôt avec les Espagnols vers Leucate, persuadés qu'ayant le Gouverneur entre leurs mains , cette place ouvriroit tout de suite ses portes , ou du moins ne tiendroit pas longtemps ;

mais Conſtance de Cezelli , ſa * femme , après avoir aſſemblé la garniſon & les habitans & leur avoir repréſenté leur devoir & leur honneur, ſe mit ſi fierement à leur tête , une pique à la main, qu'elle inſpira du courage aux plus foibles ; les aſſiégeans furent repouſſés partout où ils ſe préſenterent. Deſeſperés de leur honte & du monde qu'ils avoient perdu, ils envoyerent dire à cette vaillante femme que ſi elle continuoit à ſe défendre , ils alloient faire pendre ſon mari : j'ai des biens conſidérables , répondit - elle les larmes aux yeux, je les ai offerts & je les offre encore pour ſa rançon , mais je ne racheterai point, par une lâcheté, une vie qu'il me reprocheroit & dont il auroit honte de jouir ; je ne le deshonorerai point par une trahiſon envers la patrie & mon Roi. Les aſſiégeans, après avoir tenté une nouvelle

* Elle étoit d'une ancienne & riche famille de Montpellier.

attaque qui ne leur réuffit pas mieux que les autres, firent mourir Barri & leverent le fiége. Le garnifon voulut ufer de repréfailles fur le Seigneur de Loupian qui étoit du parti de la Ligue & qui avoit été fait prifonnier ; notre heroine s'y oppofa. Henri IV lui envoya le brevet de Gouvernante de Leucate, avec la furvivance pour fon fils.

Margueritte de Valois faifoit la guerre à Henri III fon frere & au Roi de Navarre fon mari ; elle avoit campé fa petite armée devant Villeneuve d'Agenois ; elle ordonna à trente ou quarante foldats de conduire Charles de Cieutat aux pieds des murailles & de le tuer fi fon fils qui commandoit dans cette place, refufoit d'en ouvrir les portes. Cieutat, après qu'on eut fait cette indigne fommation à fon fils, lui cria, *fonge à la fidelité & au devoir d'un François & que fi j'étois capable de te dire* de te rendre , ce ne feroit plus ton pere qui te parleroit ; mais un traitre , un lâche , un ennemi de ton honneur & de ton Roi. Ses gardes avoient déja le le bras levé & alloient le fraper ; le jeune Cieutat leur fit un figne ; on ouvrit la porte ; il fortit avec trois ou quatre hommes , feignit de par- lementer & mettant tout à coup l'é- pée à la main , il fondit avec tant d'impetuofité fur ceux qui tenoient l'épée nue fur fon pere , & fut fi fou- dainement fecondé par plufieurs fol- dats de fa garnifon , qu'il le délivra.

On attribue communément les for- faits de Catherine de Medicis à l'am- bition de gouverner & à l'embarras où elle fe trouvoit entre les Guifes & les chefs du parti Calvinifte ; pour moi , après avoir lû , examiné & dif- cuté tout ce qu'on a écrit pour &

O v

contre elle, je penfe que formée pour
brouiller & détruire, il en étoit de
fon ame comme d'un être infecté
dans fon germe & qui devient un
fleau ; qu'une autorité fans troubles
ne l'eut point flattée ; qu'elle ne fe
plaifoit qu'au milieu des orages &
qu'elle auroit femé la difcorde & la
divifion dans la Cour la plus tranquille & la plus foumife. Rien ne
dévoile mieux toute l'horreur de fon
caractere , que l'éducation de fes
enfans : elle vouloit que des combats de coqs , de chiens & d'autres
animaux , fuffent une de leurs récréa-
tions ordinaires : s'il y avoit quelque
execution confiderable à la gréve ,
elle les y menoit , & pour les rendre auffi lafcifs que fanguinaires ,
elle donnoit de temps en temps de
petites fêtes où fes filles d'honneur ,
les cheveux épars , couronnées de

fleurs, fervoient à table à demi-nues. Charles IX, avec le naturel le plus impetueux, avoit d'ailleurs de grandes qualitez: l'éducation les pervertit entierement. Papire Maſſon raporte qu'un des grands plaiſirs de ce Prince étoit de montrer ſon adreſſe à abatre d'un ſeul coup la tête des aſnes & des cochons qu'il rencontroit dans ſon chemin en allant à la chaſſe , & qu'un jour Lanſac , un de ſes favoris , l'ayant trouvé l'épée à la main contre ſon mulet , lui demanda gravement , *quelle* (1) *querelle eſt donc ſurvenue entre Sa Majeſté Très-Chrétienne & mon Mulet ?*

Le maſſacre des Huguenots fut auſſi horrible dans pluſieurs villes du

(1) *Carolo irruenti in Mulum Lanſaci , inter aulicos gratioſi, quod tibi diſſidium , inquit , cum mulo meo interceſſit, Rex Chriſtianiſſime ?*

Royaume, qu'il l'avoit été à Paris ;
il y en eut plus de deux mille d'égor-
gez à Lion ; le boureau de cette
ville à qui le gouverneur ordonna
d'aller en expedier quelques-uns qui
étoient dans les prisons, lui répondit,
qu'il ne travailloit que judiciairement.
Voilà l'homme le plus vil par son
état qui a plus d'honneur qu'une
Reine & son conseil.

Catherine de Medicis, les Guises ;
le Chancelier de Birague & les Gon-
dis, étoient des étrangers qui gou-
vernoient l'Etat ; ils formerent &
dirigerent le complot du massacre
de la S. Barthelemi ; il me semble
qu'on doit en reprocher un peu moins
l'horreur à notre Nation, que celle
des proscriptions aux Romains : Silla
& Auguste étoient Romains.

Nos guerres de religion firent rentrer beaucoup d'or & d'argent dans le commerce : les Catholiques, comme les Calvinistes, convertiſſoient en eſpeces l'argenterie des Egliſes. Le conſeil de la Ligue, pour ſoutenir le ſiége de Paris contre Henri IV, ordonna, de l'avis & du conſentement de l'Evêque & du Legat, que tous les Religieux porteroient à la monnoye l'argenterie de leurs Egliſes, à l'exception des vaſes ſacrez, abſolument néceſſaires pour le ſervice divin.

Extrait des Regiſtres de la Monnoye.

Le 29 Mai 1590, reçu de M. le treſorier Roland & des Religieux de l'Abbaye (1) de S. Denis, un Crucifix d'or peſant 19 marcs, 4 onces, 5 gros, lequel a été fondu.....

____

(1) Ils en avoient tranſporté le tréſor à Paris & l'avoient mis en dépôt à Ste Croix de la Bretonnerie.

De plus, le 16 Juin 1590, reçu des mêmes Religieux, une Couronne d'or pesant 10 marcs, 10 onces moins 2 gros, laquelle a été fondue. . . .

✺

Les méchantes femmes sont presque toujours foibles & superstitieuses : Catherine de Medicis croyoit non seulement à l'astrologie judiciaire, mais encore à la magie ; elle portoit sur l'estomach une peau de velin (d'autres disent d'un enfant égorgé) semée de figures, de lettres & de caractères de différentes couleurs ; elle étoit persuadée que cette peau avoit la vertu de la garentir de toute entreprise contre sa personne. Elle fit faire la colonne de l'Hôtel de Soissons, dans le fust de laquelle il y a un escalier à vis pour monter à la sphere armillaire qui est au haut & où elle alloit consulter les

aftres avec fes aftrologues. Cette colonne a dix-huit canelures & on y
voit en quelques endroits des couronnes, des trophées, des C & des H
entrelaffés, des miroirs caffés & des
lacs d'amour déchirés, figures allé-
goriques pour fignifier le veuvage
de cette Princeffe & qu'elle ne vouloit plus s'occuper que de fa douleur
& de la perte qu'elle avoit faite. Si
l'on en croit quelques hiftoriens, elle
ne fe laiffoit point manquer de confo-
lateurs ; ils citent, entr'autres, François de Vendome, Vidame de Chartres, & Troïlus de Mefgoüez, gentilhomme Breton. Je crois qu'une pareille femme pouvoit avoir des irrup-
tions de temperament, mais qu'elle
n'étoit ni capable ni certainement digne de fentir l'amour.

❋

La Marquife d'Eftrées, mere de

la belle Gabrielle, fut tuée dans une
fédition à Iffoire en Auvergne ; aparemment que fon corps refta dans la
rue très indecemment expofé, puifqu'on s'aperçut d'une mode qui s'é-
toit introduite depuis quelque temps
parmi les femmes du grand monde :
ce n'étoient pas feulement leurs cheveux qu'elles treffoient avec de la
nompareille de differentes couleurs.

Par un Edit donné à Rouffillon-
Château en Dauphiné, en 1564,
Charles IX fixa le commencement de
l'année 1565 au premier de Janvier,
au lieu qu'auparavant l'année ne commençoit qu'à Pâques : il me femble
qu'elle devroit commencer au 21
Décembre, ou plutôt au 21 Mars.

L'imagination de Henri III fe récreoit dans des idées lugubres : au deuil de la Princesse de Condé qu'il avoit passionnément aimée, il fit peindre de petites têtes de mort sur les éguillettes de ses habits & sur les rubans de ses souliers : à la mort de Catherine de Medicis, il ordonna de détendre tous les apartemens du Château de Blois où il étoit alors, & les fit peindre en noir semé de larmes. Il avoit conçû un projet bien singulier ; c'étoit de percer dans le Bois de Boulogne six allées qui auroient abouti au même centre ; il auroit fait élever dans ce centre un magnifique mausolée pour y déposer son cœur & ceux des Rois ses successeurs ; chaque Chevalier de l'Ordre du S. Esprit se seroit fait bâtir un tombeau de marbre avec sa statue, & ces tombeaux, le long des allées, auroient été séparés les uns des autres par un petit espace planté d'ifs taillés de differentes manieres : *dans cent ans*, disoit-il, *ce sera une promenade bien amusante ; il y aura aumoins quatre cent tombeaux dans ce bois.*

En 1584, on vit le Roi, le Chancelier, les courtisans & les Ministres, marchant deux à deux dans les rues de Paris, couverts d'un grand sac de toile depuis le haut de la tête jusqu'aux pieds, ceints d'une grosse corde & tenant chacun une discipline à la main pour se flageller les épaules : en 1590, on y vit toutes sortes de Moines avec l'habit de leurs differens ordres, le casque en tête, l'épée au coté, le fusil sur l'épaule, marchant quatre à quatre, commandés par un Evêque la hallebarde à la main.

Henri III prouve bien que l'assoupissement le plus long dans une vie molle & effeminée, n'étouffe point la valeur dans l'ame d'un François : on lit dans les Mémoires de Ne- *T. 1. p. 595.* vers, que ce Prince, quelques mois avant sa mort, à cette furieuse attaque du fauxbourg de Tours par le Duc de Mayenne, *s'avança jusqu'aux gabions qui formoient une partie de la barricade, & qu'ayant poussé du pied & renversé un de ces gabions, il se mit devant, donnant ses ordres, avec le plus grand sens froid, au milieu d'une grêle de coups de fusils ; que le Roi * de Navarre revenant avec lui,* ✶ Depuis Henri IV. *se mit sur ses louanges & lui dit, je ne m'étonne plus, après ce que je viens de voir, si nos gens perdirent les* (1)

______

(1) Henri III, n'étant encore que Duc d'Anjou, avoit gagné ces deux batailles contre les Huguenots.

*batailles de Jarnac & de Moncontour ;
que Henri III lui répondit , mon frere,
il faut faire partout ce qu'on est obligé
de faire ; les Rois ne sont pas plus ex-
posés que les autres & les balles ne
viennent pas plutôt les chercher qu'un
simple soldat.*

*T. 2. l. 3.
p. 137.* Etienne Pasquier fait une remarque à l'occasion de Henri III ; il dit
que tous les Princes de la Maison de
France qui ont porté le titre de
Comtes ou Ducs d'Anjou , sont de-
venus Rois , & dans des Royaumes
où il n'y avoit gueres d'aparence
qu'il regneroient. En effet Charles ,
frere de S. Louis , chef de la premiere branche d'Anjou , & Louis ,
frere de Charles V , chef de la seconde , furent l'un & l'autre apellés ,
par des évenemens singuliers , à la
couronne de Naples & de Sicile.
Charles-Robert d'Anjou , vulgaire-

ment dit Charobert, devint Roi de Hongrie & joignit à ce Royaume la Dalmatie, la Croatie, la Servie & la Bosnie. Henri III qui le premier, après l'extinction de ces deux branches d'Anjou, avoit porté le titre de Duc d'Anjou, fut Roi de Pologne. Pasquier, s'il avoit vêcu de nos jours, auroit vû une nouvelle branche d'Anjou sur le thrône d'Espagne & des deux Siciles.

Pendant le siége de Paris, en 1590, après avoir mangé la paille des lits, les vieux cuirs & les animaux les plus immondes, on alla prendre les ossemens des morts dans les cimetieres ; on les fit moudre & on tenta de s'en nourir. Plus de dix mille personnes étoient déja mortes de faim, ou de ces exécrables alimens, lorsqu'on ordonna qu'il seroit fait une recherche dans les maisons des Religieux ; on trouva chez les Carmes, les Jacobins, les Jesuites les 'Augustins, les Feuillans, les Cordeliers, les Capucins, en un mot chez tous, du bled, du biscuit, des viandes salées, & autres provisions, pour plus de huit mois. Je conçois qu'on peut exhorter les autres à souffrir des extrêmitez qu'on partage & qu'on souffre soi-même ; mais que des hommes, après s'être procuré une secrete abondance par leurs quêtes & leur intrigue, prêchent la patience à un peuple, la lui commandent de la part de Dieu & l'abusent journellement par de fausses nouvelles & de vaines espérances de secours ; que ces hommes rencontrant à chaque pas des enfans expirans sur le sein de leurs meres languissantes de faim, soyent insensibles à ce spectacle & continuent d'être les ministres de la mort lente & cruelle qui chaque jour entasse & dévore les

malheureuſes victimes de leurs pré-
dications ; c'eſt le comble de la barbarie la plus atroce.

Le Duc de Nemours que la Ligue
avoit nommé Gouverneur de Paris,
allant viſiter quelques poſtes du côté
de la Porte * S. Michel, rencontra
un homme qui lui dit d'un air effrayé, *Au haut
Monſieur, n'entrez pas dans cette rue ; de la rue
j'en viens ; elle eſt pleine de ſerpens & de la Har-
j'y ai vu une femme à demi-morte dont pe.
le cou & les bras étoient entortillez de
couleuvres. Le Duc de Nemours fit
avancer quelques-uns de ſes gens ;
ils revinrent bien vite & confirmerent
le récit de cet homme. Les hiſtoriens
diſent que les chaleurs exceſſives de
la canicule & la puanteur de tant de
corps infectés par de mauvaiſes nou-
ritures, engendroient cette quantité
prodigieuſe de ſerpens qu'on trouvoit
dans differens quartiers de la ville
vers la fin du ſiége : je doute que

cette cause paroisse phisique aux naturalistes.

❀

Le jour de la Toussaint 1604, le Curé de S. Paul s'étant transporté dans quelques Eglises de Religieux de sa paroisse & y ayant trouvé les napes mises pour la communion, les ôta, & avec une apre & severe reprimande, exhorta les assistans à ne communier que dans leur Eglise paroissiale ; il déclama fortement contre les Confrairies & menaça d'excommunier ceux qui s'y enrolleroient. Plusieurs Curez firent la même chose & les mêmes menaces dans leurs paroisses. *Les Moines*, dit Mezeray, *ont un avantage sur les Ordinaires ; c'est l'union constante de toute la Communauté à travailler d'un même esprit & à ne quitter jamais la fin qu'elle s'est proposée. Les Eglises des Couvens, ajoute-t-il, sont pleines, tandis qu*

celles

T.2.p.877.

celles des paroisses sont presque desertes, les ouailles quittant leurs pasteurs naturels & la solide viande de leur nourice, pour courir à ces friandises spirituelles. Feu M. le Duc de Bourgogne avoit la plus grande estime pour les Curez de Paris ; il étoit persuadé qu'il falloit leur faire l'accueil le plus favorable à la Cour & leur accorder, autant qu'il étoit possible, les petites graces qu'ils demandoient pour des familles, afin d'augmenter encore la considération & la confiance qu'ils s'attiroient par la décence de leurs mœurs, leur charité & leur bienfaisance.

Je ne connois point d'hommes qui fassent plus d'honneur à l'humanité que les Curez de Paris, disoit le Docteur Burnet à son retour à Londres.

*Etats généraux continués à Orleans,
fous Charles IX, en 1560. Cahiers
de remontrances. Article 37.*

Demande des Etats. *Soit défendu
de recevoir aucuns Religieux à faire
profession avant qu'ils ayent ateint
l'âge de trente ans, & les filles de
vingt-cinq au moins.*

Réponfe du Roi. *Ordonné pour les
mâles à vingt-cinq ans & pour les filles
à dix-huit.*

Il n'y a point de reglement pofte-
rieur qui caffe ce reglement. On ne
peut difpofer de foi que conformé-
ment aux Loix de l'Etat. Quel arrêt
le Parlement pourroit-il rendre fur
une plainte formée contre une pro-
feffion faite avant l'âge de vingt-cinq
ans ?

✾

Il n'y a pas cent ans qu'il étoit
encore d'ufage de retenir fon ami à

coucher avec foi, ou d'aller coucher avec lui, & ce qu'il y a de fingulier, c'eft que la pureté du lit nuptial ne s'effarouchoit point de l'aproche d'un étranger ; la femme y reftoit, aparemment du côté de fon mari.

Louis XIII aimoit la guerre, la fçavoit, fe plaifoit aux travaux & aux dangers d'un fiége ; il étoit intrépide dans une tranchée ; mais avec beaucoup de courage dans le cœur, il n'en avoit point dans l'efprit ; les détails du gouvernement effrayoient fon imagination & fa confcience ; perfonne n'étoit moins ferme & plus irréfolu dans le cabinet & dans le confeil.

La vue d'une belle femme le raviffoit ; il aimoit à fe trouver avec elle, à la regarder & à l'entendre ; mais fes amours ; dit un écrivain de

ce temps là , *étoient purement fpiri-
tuels , d'ame à ame , & les jouiffances
en étoient vierges.* Il alloit fouvent
coucher avec le Connétable de Luy-
nes , & quoiqu'amoureux de la Connétable , il s'endormoit tranquillement fur le même chevet , fans
idées & fans defirs.

❊

Théophrafte Renaudot , Medecin
à Paris , ramaffoit de tous côtés des
nouvelles pour amufer fes malades ;
il fe vit bientôt plus à la mode
qu'aucun de fes confreres ; mais
comme toute une ville n'eft pas malade , ou ne s'imagine pas l'être , il
reflechit , au bout de quelques années , qu'il pourroit fe faire un revenu plus confidérable en donnant ,
chaque femaine , au public des feuilles volantes qui contiendroient des
nouvelles de divers pays. Il falloit

une permission ; il l'obtint , avec privilége , en 1632. Il y avoit long-temps qu'on avoit imaginé de pareilles feuilles à Venise , & on les avoit apellées *gazettes* , parce qu'on payoit pour les lire , *una gazetta* , petite piece de monnoye : voilà l'origine de notre gazette & de son nom.

❋

Notre langue est devenue la langue universelle & Paris semble être la capitale des nations. A qui devons-nous cette gloire & ces chef-d'œuvres d'éloquence, de poësie , de peinture , de sculpture , d'architecture , qui ont immortalisé le regne de Louis XIV ? A Corneille & à Moliere. Tous les arts se tiennent par la main ; le commencement de perfection dans l'un , forme le goût sur les autres. Ces deux grands génies ont éclairé des sources qui font entrer, fans frais & fans rifques, plus d'or en France, que n'en porterent jamais en Efpagne les impitoyables deftruc-teurs du Mexique & du Perou. En trois ou quatre mille ans, à peine fçaura-t-on le nom des autres peuples qui habitent l'Europe ; au lieu que notre langue fera la langue fçavante ; on l'enfeignera aux enfans ; on fe piquera de fçavoir notre hiftoire & de citer les noms célébres & les ac-tions les plus éclatantes de nos Rois & de nos heros ; on admirera la dou-ceur, la politeffe de nos mœurs & en même temps avec quel courage, quelle fierté ce peuple fi gai, fi frivole, fortoit de fon affoupiffement dans les plaifirs & voloit à la gloire, dès qu'on l'attaquoit.

❁

Je cherche dans Paris les ftatues de Corneille & de Moliere : où font-elles ? où font leurs maufolées ?

❁

Un Ecrivain, qui n'aime pas la France, prétend qu'on n'y a pas pour Corneille autant d'admiration que dans le reste de l'Europe , & que Racine dans le reste de l'Europe n'a pas autant de réputation qu'en France. Je croirois que la décadence de notre nation seroit prochaine , si les hommes de quarante ans n'y regardoient pas Corneille comme le plus grand génie qui ait jamais été. Quelle rapidité dans son vol ! quel sublime dans ses idées ! quelle fierté de sentiment ! quelle noblesse dans ses portraits ! quelle pompe, quelle majesté dans ses tableaux ! quelle profondeur de politique , quelle vérité, quelle force dans ses raisonnemens ! l'action dans ses pieces est toujours frapante , importante : dans la plûpart des piéces de Racine , l'action est petite, conduite par de petits ressorts & des tracasseries d'amans. Corneille connoissoit tout le cœur humain : il femble que Racine n'en connoiffoit que les foibleffes. Les plans & les caracteres des piéces de Corneille né fe reffemblent point : les plans & les caracteres des piéces de Racine fe reffemblent prefque tous. Perfonne n'a jamais poffedé, comme Corneille, l'art du dialogue ; fon ftile, il eft vrai nous paroit quelquefois trop familier ; mais notre délicateffe à cet égard eft elle bien raifonnable ? D'ailleurs Ariftote, le P. le Boffu & tous ceux qui ont écrit fur le Théâtre, difent que la verfification eft la moindre & la derniere partie d'un ouvrage dramatique ; c'eft l invention de la *fable*, l'ordonnance du tableau, la force & la vérité des caracteres, qui prouvent le genie.

On fent, en lifant Corneille, que c'étoit dans fon ame qu'il puifoit l'élevation de fon génie.

La Bruyere prétend que Corneille peint les hommes comme ils devroient être & que Racine les peint tels qu'ils sont : il seroit aisé de démontrer que jamais on ne porta un jugement plus faux.

⁂

Je doute qu'il y ait quelque ouvrage comparable à Athalie pour le stile & la poësie.

⁂

Toutes nos Tragédies finissent ordinairement par une sédition , une mort, un massacre ; toutes nos Comédies par un mariage : es-ce pour nous enseigner que les grands sont nés pour détruire & les autres hommes pour peupler ?

⁂

Il me semble que depuis vingt-cinq ou trente ans , la plupart des Tragédies qu'on affiche comme nouvelles, ne font que de nouvelles éditions des anciennes, revues & corrigées.

Profcrire les arts agréables & ne vouloir que ceux qui font abfolument utiles, c'eft blamer la nature qui produit des fleurs, les rofes, les jaf-mins, comme elle produit des fruits.

Le *mieux* n'eft-il point quelquefois le contraire du *lien* ? En entrant dans nos Eglifes nouvellement bâties & qu'on a rendues fi claires, fent-on ce fremiffement religieux, ce même recueillement qu'infpiroit l'obfcurité des anciennes ?

Les vieux châteaux ont un air de nobleffe : ceux qu'on bâtit aujourd'hui n'ont que l'air de maison de campagne.

❀

Un stile tendu, recherché, semé de brillans & d'antithefes, n'éblouit que les sots. Tâchez d'être simple, naturel, précis ; ayez une maniere à vous, surtout soyez clair : tout Auteur qu'on est obligé de lire deux fois pour l'entendre, écrit mal.

❀

Petits aigles qui planez si dédaigneufement au-deffus de vos chetifs compatriotes, nouveaux phénomenes dans la littérature, je prends la liberté de vous confiderer dans votre apogée & je crois m'apercevoir que les rayons de votre gloire ne font compofés que de paradoxes, d'idées fingulieres, de traits contre les femmes, contre votre nation & d'un vernis d'irreligion.

❀

Rien n'est si aisé & par conséquent rien ne prouve moins qu'on a de l'esprit, que de soutenir des paradoxes & des idées singulieres.

❀

Il parut, il y a environ quarante ans, deux petits ouvrages, *les dialogues des Dieux & les lettres galantes & philosophiques*. Le but de l'Auteur étoit d'affoiblir, de confondre & de brouiller toutes les idées & tous les principes de morale qui guident ordinairement les hommes ; il tâchoit d'établir que la fausseté, l'avarice, la paresse & l'ingratitude ne sont point des vices ; que la pudeur & la chasteté ne sont pas des vertus ; qu'un mari, loin de s'opposer aux galanteries de sa femme, peut en tirer vanité ; qu'un fils ne doit à ſes parens aucune reconnoiſſance ni de la vie qu'il en a reçue, ni de l'éducation qu'ils lui ont donnée, & qu'on n'eſt obligé ni d'aimer ni de ſervir ni de défendre la patrie. Ne ſeroit-il pas plaiſant qu'en blutant, reſſaſſant & commentant deux ouvrages (je me ſers du terme) ſi mépriſables de toutes façons, ne ſeroit-il pas plai-ſant, dis-je, qu'on s'imaginât que la philoſophie des mœurs fait depuis quelques années de grands progrès parmi nous ?

„ C'eſt pour être utile que Dieu
„ vous a donné des talens ; c'eſt pour
„ vous mettre en occaſion d'être bien-
„ faiſant, qu'il vous a donné des ri-
„ cheſſes. " Il me ſemble que cette vieille morale de l'Evangile vaut bien celle que le prétendu nouvel eſprit philoſophique veut mettre à la mode.

Un charlatan au bout du Pont-Neuf, pour attirer le peuple, prend un bonnet singulier. Tel Auteur ne déprime sa nation que parce qu'il sçait qu'un certain ton de singularité & de hardieſſe ne manque gueres de fraper les jeunes ſots : comment donc, diſent-ils en eux mêmes, oh certainement cet Auteur a bien de l'eſprit ; voyez comme il nous mépriſe ! ayons auſſi de l'eſprit ; mépriſons nos concitoyens ; louons bien les Anglois.

❁

Je tins un jour un propos très-hardi ; quelques jours après, j'eſſuyai une vive reprimande d'un Miniſtre qui m'a toujours honoré de ſon amitié : pardonnez-moi ce propos, lui dis-je ; je ne l'ai tenu qu'à tel homme & par curioſité ; depuis longtems, en toute occaſion, il exagere nos pertes ; il diminue nos avantages & ne cesse point de parler contre le gouvernement ; je soupçonnois qu'il étoit un espion ; je voulois m'en éclaircir.

Tacite, en parlant de nos ancêtres, rapporte *que du champ de bataille ils entendoient les cris de leurs* *femmes ; qu'elles étoient les témoins & les panégiristes qu'ils vouloient avoir de leurs actions ; qu'elles avoient quelquefois empêché la déroute des armées & rétabli le combat par leurs exhortations & leurs remontrances.* Je ne prétends pas que nos Françoises aillent camper ; mais elles ont un empire naturel sur nos sentimens & elles peuvent se rendre très-utiles en inspirant sans cesse l'amour pour la patrie & en traitant avec le dernier mépris ces hommes qui veulent déprimer leur nation. J'ai dit que la cor-

ruption des mœurs est à peu près
égale dans tous les siécles ; que c'est
la dépravation du caractere d'une nation qui présage sa décadence , & que
j'appelle depravation dans son caractere , lorsqu'elle n'a plus cet orgueil
pour son nom , cet amour , cette
estime pour elle même , sources continuelles de force , d'émulation & de
toutes ces vertus qui rendirent les
Romains le premier peuple du monde.

Fin du Troisiéme & dernier Volume.

www.ingramcontent.com/pod-product-compliance
Lightning Source LLC
LaVergne TN
LVHW010743060726
842527LV00002B/358